KINZAI バリュー叢書

共通価値創造への挑戦

勝ち残る地銀、生き返る製造業

平山　賢二 [著]

一般社団法人 **金融財政事情研究会**

■発刊に寄せて

製造業の現場と経営を
結びつけて考えることができる貴重な存在

株式会社広島銀行
取締役専務執行役員　三吉　吉三

　私の銀行員生活のなかで、いまでも走馬灯のように蘇ってくる一時期がある。それは、2003年（平成15年）から数年間の、事業再生に携わった時期である。現在では金融機関調整に欠かすことのできない再生支援協議会が当時は立ち上がったばかりで、その存在もほとんど認知されていない時期に、大型の事業再生事案に数件、かかわらせていただいた。

　当時メインバンク主導のいわゆる「私的整理」での再生は、とてつもない力技を必要とした。取引金融機関からメインバンクに対して債務者会社と同等、いや、それ以上の責任（いわゆるメイン寄せ）を強烈に押しつけられるため、メインバンクが対応に窮して、なかには再生できたであろう会社も力尽き、倒産に追い込まれた事例が続出するなど、「身勝手な金融村」全盛の時期でもあった。

　そうした時期に身につけた経験・ノウハウが、まさか初支店長を務めた岡山支店で生きるとは正直、想定外であった。ただ、カーツ株式会社（以下、カーツ社）にとって、そのような

発刊に寄せて　i

キャリアをもった支店長が着任したことは大きな力添えになったのではないかと思う。

　カーツ社は岡山に本社を構えながら、ありがたいことに広島銀行をメインバンクとして長年の取引関係にあった、業歴90年に及ぶ当地老舗企業であった。

　2010年（平成22年）、問題は勃発した。折しもリーマンショック後の円高進行は凄まじく、当社の主力市場である欧州の景気後退も重なり、在庫が決算期の数カ月前から異常に急増、そのため多額の在庫資金が必要となり、与信枠の限界を突破しつつあったのだ。

　直感的に急場しのぎではこれ以上もたないと考え、以前から全幅の信頼を置いていた法人営業部金融サービス室長（当時）にSOSを出した。業務多忙にもかかわらず精鋭数名を投入してもらい、窮境原因の把握から在庫調査等、昼夜を問わずフル回転してもらった。正直、頼る人間はこの室長しかいなかった。

　当時、カーツ社の取引金融機関は15行を超えていた。私はバンクミーティングのみならず、取引行を個別訪問し、メインバンクとして支援表明を行い、取引行の理解を求めた。私だけではなく、各自がその持ち場で力の限りを尽くしたことはいうまでもない。

　勝矢社長に対しては、いの一番に「広島銀行はメインバンクとして最後の最後まで支援をするので、とにかく本業に邁進してほしい」と表明し、私も一緒にエンジンの仕入先であった名

だたる上場企業をくまなく訪問し、協力要請をしたりもした。

　これだけメインバンクが汗をかき奔走しても、特にメガバンクの対応は冷ややかなものだった。「利益の出せない会社とは取引の継続はしない」とまで言い切った、メガバンクの支社長の言葉はいまも忘れられない。重箱の隅をつつくようなことをいい、足を引っ張る金融機関もあった。

　しかし、世の中はまんざら捨てたものではない。捨てる神あれば拾う神ありで、地元の第二地銀や信金などから支援表明があり、本当にありがたかった。

　今日、カーツ社がV字回復を成し遂げることができたのは、2つの理由によると思っている。1つは、平山氏率いるアットストリームというコンサルティング会社によって紐解かれた同社の潜在能力を、メインバンクであるわれわれ広島銀行との間で早い段階から「共通価値」として共有することができたことである。

　2つ目は、カーツ社をテーブルのセンターに置き、主要ステイクホルダーが持ち場、持ち場で最大限の役割を果たし、同社もその期待をしっかり受け止め、社長を筆頭に経営陣と社員が一丸となって再建に取り組んだことである。

　本書では、広島銀行における取引先企業の経営改善支援の取組みも紹介されている。たとえば、広島銀行では独自のヒアリングツールを開発してきた経緯があり、いまでは業種や業務の特徴もふまえたものに成長させてきている。もちろん、ツールだけでは役に立たない。同時に、ソリューション部隊である法

人営業部の陣容を充実させ、ツールと人材の両面で企業の目利き力を高める取組みを進めてきた。

こうした取組みは、銀行としては珍しいものだと思う。本書でも「無謀なこととしか思えなかった」という著者の感想が述べられているが、銀行員が取引先のビジネスや経営管理のあり方にここまで踏み込もうとすることは通常ない。なぜ、広島銀行は甚大なコストと労力をかけてまで取引先の懐に入るのか。

広島銀行は、普段から取引先と情報を共有して先手を打てる関係をつくりたい、アドバイザリー能力を高めて取引先からその能力を信頼してもらうことが本業である、と考えている。広島銀行が掲げる「真っ先にご相談いただける「ファースト・コール・バンクグループ」」とは、そういう意味である。

また、広島銀行の取引先には自動車、造船、繊維のような大きな産業クラスターがあり、そのいずれも海外企業との熾烈な競争を強いられている。国内産業が縮小すれば、銀行の営業基盤である貸出先もなくなってしまう。地域の経済を守るために、製造業を支援する能力を高めることは地域金融機関の使命ということになる。

もっとも、銀行員だけでは、とうてい取引先の信頼を得るだけの知見や経験を積むことはできない。そこで、銀行内に業界のＯＢを迎え入れて知見を高めるとともに、外部パートナーである会計や税務の専門家や、信頼できる製造業のプロの方と協働して、長く一緒に取引先支援の取組みをしてきた。平山先生はそうした製造業支援のメンバーの１人で、いつの間にか、む

ずかしい案件はまず平山先生にお願いするようになった。

　平山先生がほかの製造業支援のコンサルタントと違うのは、製造業の現場を深く理解できることから、工場長をはじめとした製造の管理職やメンバーとのコミュニケーションがとれること。もう一つは、グローバルな大手コンサルティング会社での経験から、数値に明るく現場と経営を結びつけて改善できることである。

　本書の後半では、そうした現場と経営を結びつける「平山メソッド」が体系的に紹介されている。その目的は製造業企業の業績改善にあるわけだが、銀行員が一歩踏み込んだ提案を取引先の製造業企業に対して行っていくためにも十分に役に立つ内容だと思う。本書が1人でも多くの企業経営者、銀行員、コンサルタントに読まれ、「共通価値創造」に寄与することを願っている。

　最後に平山先生についてもう一言。何といっても目線が低い。言い換えれば、人の心にスーッと入り込んでその気にさせる、妙な魅力をもった人である。この人が怒った姿をみたことがない。仏のような人である。それでいてコンサルタントなのだから、自分の考えはきちんといい、実行に移させる説得力はピカイチである。「平山マジック」なのかもしれない。

発刊に寄せて　v

■発刊に寄せて

現場分析のプロフェッショナル、
　利益出しの達人

カーツ株式会社
代表取締役社長　**勝矢　雅一**

　「経済合理性、要するに余計な手間やコストをかけてまで企業や従業員、その家族を助けるつもりはありません。ましてや地域経済や雇用なんかどうでもいいことです」

　これはテレビドラマの台詞ではない。メガバンクの支社長が私に言い放った言葉である。

　一方、私の友人が経営する会社は、東証一部上場にもかかわらず、メインバンクは県外の第二地銀だ。幾多もの困難をメインバンクとともに克服してきたヒストリーが想像できる。私もいつかは銀行と、そのようなヒストリー、信頼関係を築きたいと、うらやましく思っていた。

　カーツは、2008年のリーマンショック以降の急激な円高で業績、資金繰りが一気に悪化した。メインバンクの広島銀行は、当然その状況をお見通しで、支店長は「うちはメインとして最後の砦になりますから」と、しきりに早めのSOSを促していた。しかし、大半の経営者はそこで躊躇する。その理由は、経営者ならばわかるだろう。

vi　発刊に寄せて

業を煮やした広島銀行は、製造業に造詣の深いコンサルタントとして、平山先生を送り込んできた。

　当初は、この切羽詰まった状況下で、なぜ製造業のコンサルタントなのか、当初はまったく理解ができなかったものの、広島銀行と平山先生が率いるアットストリームの共同チームによるデューデリ、ヒアリングが始まると、すぐにその意図が理解できた。何とか資金支援ができないものかと、業績回復の可能性、方法を本気で模索してくれていたのだ。ちなみに、「事業性評価」という言葉はまだ一般的には浸透していない時代だった。

　その「事業性評価」の結果、かなりのハードランディングとなるが、これしかない、というスキームがみえてきた。その代償として、一時的な債務超過転落、金融債務のリスケ、そして、それらの合意を得るためのバンクミーティング、まるで倒産企業同然だ。精神的にはかなりキツイが、やるしかない。ちなみに冒頭のメガバンクの発言は、このバンクミーティングのご案内に伺った時のものだ。

　広島銀行、アットストリームのチームによって債務超過額や債務償還年数が試算されたが、案の定、凄い（もちろん悪い意味で）数字が出てきた。ところが、平山先生の第一声は、「なんや、こんなもんかいな」だった。すでに平山先生の頭のなかには、平山メソッドによってこれから生み出される利益が明確にイメージされていたのだ。

　こうして怒濤の計画がスタートした。と同時に、「目からう

発刊に寄せて　vii

ろこ」の連続であった。特に販売、受注の季節性からくる不稼働損という発想は、いままでどんな専門家からも指摘されたことがなかった。それは教科書には書かれていない、製造現場からしか出てこない発想である。平山先生がさまざまな製造現場を体験し、どうしたら効率的なものづくりができるかを考え抜いた結果、生まれたものなのだろう。平山先生は、製造業の課題と改善策を科学的なアプローチと経験で見抜く達人である。

その後は、本書のとおり、急激な業績改善を成し遂げ、2017年には工場投資と設備投資をあわせて10億円の投資を行うことができた。今後は、さらなる財務体質の強化とともに上場も視野に入れている。

カーツのように予期せぬ経営環境の悪化に見舞われ、業績不振に陥る会社は多いと思う。その時、企業と銀行とコンサルタントがどのように振る舞えば業績改善ができるのか。カーツの事例を広く銀行員や経営者に知ってもらえれば、世の中の役に立つのではないかという思いから、平山先生に出版を強くお願いした次第である。本書は、その三者の取組みをコンサルタントの視点から見事に描いている。

最後に、私なりの思いを記し、結びとする。

・営業店、すなわち支店長で止まった時点で即アウト。本書は意味をなさなくなる。まさに企業再生は「支店長力」の一語に尽きる。

・広島銀行も平山先生も研究開発費にはまったく手をつけなかった。このことが、どれだけ製造業としての矜持、カーツ

の自信となったか。そしていま、その開発が大きな実を結ぼ
うとしている。

感謝。

■はじめに

本書を書くきっかけ

　大学を出て13年間、オーナー創業者の製造業の会社で鍛えていただいた。36歳で志あって日本のコンサルティング会社に6年、次にもっと大きな舞台がないかとアンダーセン（アーサー・アンダーセン）に入った。西日本で9年間かかったが、ほぼ1人の状態から100人を超える部隊をつくったのは実力ではなく、多くの先輩や同僚に助けていただいたおかげだ。50歳になって独立して2001年にアットストリームを共同創業した当初は、お金の心配で寝汗をかいて夜中に目が覚めた。お金のありがたさがわかって、創業以来一度も赤字にしていないし、私の後続の経営陣は私以上の業績を継続している。

　会社は変わっても職業は変わっていない。一貫して製造業の工場経営だ。油の匂いも現場の作業着も機械の騒音も皆、私のフィールドだ。そして、アンダーセン時代に学んだ「経営と現場を数字でつなぐ手法」は独特で、いまではほとんどの業種の製造業の経営改善を支援する自信がある。62歳で後輩に経営を委譲して、65歳ですべての役職も退いて大好きな製造業の経営改善に取り組んでいる。

　いままでも何冊かの本を書いてきたが、書きたい本の構想があった。私の現場の発想から生まれたノウハウを書き残す製造業の経営改善本だ。改善・改革のヒントは現場にある。現場から発想した科学的アプローチは私のやり方の特徴である。それ

を経営者から現場まで伝えたい。

　そんな折に、短期間で飛躍的な業績改善を達成したカーツ株式会社の勝矢社長が本を書いてほしいという。てっきりPRを兼ねた企業本かと思っていたら、そうではない。1つ間違えば倒産の瀬戸際にあったカーツ社は広島銀行と私の三者一体の取組みで、支援から5年後には10億円の投資をするまでに回復した。その製造業の経営改善の「平山メソッド」を書いてほしい。それを中小の製造業の経営者や銀行員に読んでもらいたい。そうすれば、カーツ社のように助かる会社もたくさんあるはずだというのである。これが本書を書くきっかけになった。

本書の構成

　本書の構成は大きく2つに分かれている。

　前半の第Ⅰ部では、広島銀行とカーツ社と私の三者一体の経営改善事例を紹介し、そこから共通価値創造の取組みとは何かを考える。「共通価値創造」とは、金融庁が地方銀行に提示している言葉である。銀行と取引先の双方がWIN-WINになる共通の価値を創造して、事業活性化や新たな事業創造につなげることを促している。カーツ社の物語はその共通価値創造の事例になると確信している。後半の第Ⅱ部では、私がお客様とともに挑戦している製造業の業績改善の考え方と手法について紹介している。

第Ⅰ部　経営改善事例で考える共通価値創造

第1章　カーツ社の復活とさらなる挑戦

　生のデータを使い事実に基づいているが、複雑にならないようにねらいから外れる項目などは省いている。特に製造業の経営者には参考になるはずである。

第2章　広島銀行における取引先支援の取組み

　広島銀行は取引先に対してさまざまな経営支援を行っており、地銀では抜きん出た実績を残している。本書では、私が10年以上にわたり一緒に取り組んできた製造業の経営改善の分野に絞り、かつ私の目線で、広島銀行の取組みを紹介している。地銀の経営者や銀行員にはぜひ読んでいただきたい。

第3章　会社・銀行・コンサルタント──三者一体の共通価値創造

　金融庁は事業性評価という言葉を使って、銀行に対して従来の担保主義から事業をみて融資するようにと導いてきた。その金融庁が共通価値創造という言葉を使って、銀行と取引先の新たな関係をつくりだすようにとの指針を出している。本書では、会社がなすべきこと、銀行がなすべきこと、コンサルタントがなすべきことを共通価値創造の視点から書いている。カーツ社と広島銀行と外部コンサルタントの取組みを参考にしていただきたい。

第Ⅱ部　製造業の業績改善の考え方と手法

第4章　測定できないものは、改善できない

　3つの希少資源（稼働率・能率・品質）と3つのものづく

り（機械・人・人と機械）によって事実を測定する。測定することによって問題が明確になり、目標値も設定できて継続的改善ができる。その考え方と手法を示す。業績改善のためには「意見よりもデータ」が大事だと言い続けてきた。声の大きい人の意見が通るような会社では科学的な思考が停止し、改善が進まないだけではなく、若者が育たない。

第5章　イメージできないものはマネージ（管理）できない

　改善点を見つけて継続的改善を繰り返す自律的な生産職場をつくるには、可視化の技術が欠かせない。能率標準をベースにして生産計画・製造計画を立て、PDCA が回る職場づくりの考え方と手法を紹介する。組織的な業績改善の仕組みとしてぜひ取り入れてほしい。

第6章　改善成果を刈り取る

　生産現場で改善に取り組んで大きな成果をあげても、その成果を経営指標として刈り取る（財務3表への反映）ことができなければ業績は改善しない。生産現場の改善を促し、さらにその成果を刈り取るための考え方と手法を紹介する。第Ⅱ部で紹介した考え方ややり方を体系的に整理した図表を「目指すもの（まとめ）」として示す。実践においては、この図表を傍らにおいて全体像を理解して業績改善を進めると良い。

事業性評価を超える共通価値創造へ

　本書を理解するにあたっては、「銀行員が事業性評価を行

う」ことについては大きな過ちを犯すリスクがあることを認識しないといけない。

① まず、立ち位置の問題がある。業績が悪化している会社なら、銀行の提案を指示として受け入れざるをえないと考える。業績が良い時には聞く耳をもたなかった会社が仕方なく、納得しなくてもその身を任せざるをえないときがある。

② 次に、銀行員がSWOT分析などの手法を生半可に理解して、分析し提案することによって「本質を見失う過ち」を犯すリスクである。手法の裏には必ず考え方がある。ところが、その考え方の部分をスキップしてやり方だけが先走ると間違う。現実の解釈と提案は手法のもとにある考え方をベースにしないと間違う。

③ 業績が悪化していても生産現場や営業現場が強い会社は業績回復できる。逆に経営者や管理部門がしっかりしていても、現場が訓練されておらず、規律がない会社は業績改善に時間がかかる。現場力を知ることが大事であり、その現場を理解せずに事業性を評価しようとして誤りに陥るリスクである。

　読者の皆さまには第Ⅰ部と第Ⅱ部を通して読んでいただきたい。第Ⅰ部では3つのリスクを理解していただくためにカーツ社の事例を最初に取り上げている。それは会社と銀行と外部コンサルタントの三者それぞれに果たすべき役割があることを示している。第Ⅱ部の業績改善手法は企業経営者にとって、目からうろこの発見があると確信している。銀行員にとっては言語

データだけでなく、数値データで取引先と会話する手法を学ぶことができるだろう。

目　次

第 I 部　経営改善事例で考える共通価値創造

第1章
カーツ社の復活とさらなる挑戦

1　カーツ社と同社の製品・事業の特徴 ･･････････････････････ 5

(1)　カーツ社は農業用の作業機をつくっている ･･････････････ 5

(2)　カーツ社の製品の価値はどこにあるか ･･････････････････ 9

(3)　"Made in Japan" で世界に挑む ･････････････････････ 10

(4)　リーマンショック後の超円高で急激な業績悪化へ ･･･････ 12

2　事業性評価を超える共通価値創造への取組み ･･････････････ 13

(1)　カーツ社の事業性評価始まる ･････････････････････････ 13

(2)　実態把握の過程で判明した多くのネガティブ情報 ･･･････ 14

(3)　実在庫の把握は正確で、オペレーションは信頼できる ･･･ 15

(4)　高い製品力と高付加価値のブランド ･･･････････････････ 16

(5)　不稼働損がもたらす損失は年間 1 億円 ･････････････････ 21

(6)　経営者のリーダーシップが信頼の基本 ･････････････････ 24

3　中期経営計画の策定 ･･････････････････････････････････ 27

(1)　SWOT 分析でみるカーツ社のポジショニング ･･･････････ 27

(2)　売上高を増やさない経営計画 ･････････････････････････ 30

(3)　在庫を削減する経営計画 ･････････････････････････････ 34

xvi　目　次

⑷ カーツ社を生き返らせた広島銀行の決断 ……………… 35

4 中期経営計画の実行 …………………………………………… 38

⑴ 生産量が減ることを覚悟して平準化生産に取り組む …… 38

⑵ リストラの決断 ……………………………………………… 40

5 直近5年間で目覚ましい業績回復を達成 ……………… 44

⑴ 販売の平準化の実現 ……………………………………… 46

⑵ 累計コストダウンで業績は改善する …………………… 48

⑶ 目覚ましい業績改善の達成 ……………………………… 51

第2章

広島銀行における取引先支援の取組み

1 「4象限マトリックス」で取組みを加速する ………… 57

⑴ 地域金融機関としての広島銀行の使命 ………………… 57

⑵ 「製造業支援プロジェクト」始まる …………………… 58

⑶ 4象限マトリックスで中計策定支援 …………………… 60

2 インタビューによる課題共有 …………………………… 64

⑴ ヒアリングシートによる実態把握 ……………………… 64

⑵ インタビューによる実態把握のむずかしさ …………… 65

3 業務機能調査表による実態把握 ………………………… 68

⑴ 業務機能調査表の開発に取り組む ……………………… 68

⑵ 「業務機能調査表」による自己チェックの仕組みの開発 …… 71

⑶ 変革点仮説の提案 ………………………………………… 74

⑷ 業務機能調査表による事業性評価 ……………………… 77

⑸ 取組みには継続的改善が必要 …………………………… 79

目　次 xvii

4 外部専門家との協働による改善余地の算出 ･･････････････ 81

(1) 製造現場における「改善余地」の発見 ･･････････････ 81

(2) なぜ専門家との協働が必要なのか ･･･････････････ 83

(3) 改善余地がどれくらいあるか ･････････････････････ 86

(4) シミュレーションによる中計策定 ･･･････････････････ 87

5 実行計画書とKPIマネジメント ･･････････････････････ 89

(1) 実行計画書は目的とできあがりイメージが重要 ･･････････ 89

(2) KPIでPDCAを回す ･･････････････････････････ 90

第3章

会社・銀行・コンサルタント──三者一体の共通価値創造

1 会社がなすべきこと ･････････････････････････････ 95

(1) 良いことをしても儲からない時代に対応できているか ･････ 95

(2) 製造業の未来は継続的改善と設備投資でしか開かれない ･･ 98

(3) 目先の損得で動く会社は見放される ･･････････････ 99

(4) 経営者の実行力 ･･････････････････････････････ 101

(5) 製造業の経営者と番頭さん ･･･････････････････ 103

2 銀行がなすべきこと ･････････････････････････････ 105

(1) 逃げる銀行は逃げられる ･･････････････････････ 105

(2) 投資できない製造業に未来はあるのか ･･･････････ 106

(3) 支店長に取引先の業績改善に取り組む意欲はあるか ･････ 108

(4) 日常的に情報を更新する ･･････････････････････ 110

(5) 「いままでとこれから」で相互理解を深める ･･･････････ 111

xviii 目　次

3　コンサルタントがなすべきこと ………………………… 114

　⑴　コンサルタントは３泊４日の旅人 …………………………… 114

　⑵　現場・現物でともに学んで成長する ………………………… 116

　⑶　できあがりとプロセスがみえないコンサルタントには

　　　頼めない ………………………………………………………… 118

　⑷　提言を受け入れてもらえるコンサルタントと受け入れ

　　　てもらえないコンサルタント ………………………………… 120

4　三者一体で行う戦略（勝ち方）の立案 ………………… 122

　⑴　管理会計は必須のツール、使い方で経営が変わる ………… 122

　⑵　中堅・中小企業はランチェスターの法則を企業戦略に

　　　生かす …………………………………………………………… 124

　⑶　SWOT 分析を「方針を決めるために使う過ち」に

　　　注意 !! …………………………………………………………… 125

　⑷　重要実施項目は「KPI で定義」する ………………………… 127

　⑸　経営は相反する指標のセット ………………………………… 129

　⑹　戦略マップで戦略（勝ち方）を可視化する ………………… 130

5　走り始める、走り続ける ………………………………… 134

　⑴　走り始めるには実行計画書が必要 …………………………… 134

　⑵　走り続けるには定期的な進捗会議が欠かせない ………… 135

　⑶　実行過程では「受け手の力量」で投げる ………………… 138

　⑷　「走り続ける」から、さらなる改善が生まれる …………… 140

第 II 部　製造業の業績改善の考え方と手法

第4章
測定できないものは、改善できない

1　3つの希少資源（稼働率、能率、良品率）で経営成果
をあげる ……………………………………………………… 147

　(1)　3つの希少資源が業績改善の切り札 …………………… 147

　(2)　稼働率を上げる ……………………………………………… 150

　(3)　能率の物差しをつくる ……………………………………… 156

　(4)　不良撲滅で経営資源の無駄をなくす ………………… 158

2　ものづくりの3形態（機械がつくる、人がつくる、
人と機械がつくる）で管理する ……………………………… 161

　(1)　3つのものづくり …………………………………………… 161

　(2)　「機械がつくる」ものづくり ……………………………… 163

　(3)　「人がつくる」ものづくり ………………………………… 165

　(4)　人と機械の連携でつくる：圧着工程の例 ……………… 167

第5章
イメージできないものはマネージ（管理）できない

1　能率標準による日別（号機別）順序計画で生産現場
が劇的に変わる ……………………………………………… 173

　(1)　製造業における「計画できること」の大切さ ………… 173

　(2)　日別（号機別）順序計画のための能率標準 ………… 175

xx　目　次

(3) 日別（号機別）順序計画を具体化する「差し立て板」
の活用 ··· 177

2 レイアウトで製造現場を可視化（見える化）する ······· 181

(1) U字ライン化、二の字ライン化の推進 ·················· 181

(2) 最高の仕組みは「みずすまし」ができること ············ 183

3 複雑な工程を少ない管理点で可視化する ··················· 186

(1) モノの流れの管理点を決める ··························· 186

(2) ネック工程を管理点にする ····························· 188

(3) ペースメーカー工程を決める ··························· 190

第6章

改善成果を刈り取る

---

1 不稼働損、超過稼働損を解消する ······························· 195

(1) 不稼働損、超過稼働損とは何か ························· 195

(2) 工場カレンダーで不稼働損、超過稼働損を解消する ······· 198

2 標準工程表によるリードタイムの短縮 ······················· 201

(1) 標準工程表の作成 ····································· 201

(2) 標準工程表による製販連携の仕組みづくり ··············· 204

3 競争しないものは競争力がつかない ························· 207

(1) 適切なKPI（重要業績指標）の設定が組織を動かす ······· 207

(2) 信号管理（GYR）で組織を活性化する ················· 209

4 目指すもの（まとめ）······································ 214

(1) 翌日の日別・工程別（号機別）順序計画ができている ···· 214

(2) 工程の可視化と進捗管理（PDCA）ができている ········ 214

目　次 xxi

(3) 製品パターンごとの標準工程表による受注、生産活動
ができている ……………………………………………… 218

第 I 部

経営改善事例で考える
共通価値創造

第1章 カーツ社の復活とさらなる挑戦

国内市場が縮小するに従って、事業そのものを縮小した製造業は多い。広い世界に活路を見出そうとして市場を海外に求めたり、生産拠点を海外に移転したりする製造業も多い。本章では、市場を海外に求めながら、生産拠点は国内一拠点で "Made in Japan" を守ることに挑戦している製造業企業の事例を紹介する。売上高の85%を輸出するカーツ社はリーマンショック後の急激な円高で業績悪化に陥り、メイン行との共通価値創造を目指した取組みを通じて業績回復を果たした。

1 カーツ社と同社の製品・事業の特徴

(1) カーツ社は農業用の作業機をつくっている

　カーツ株式会社は岡山県岡山市に本社・工場を構える農業用機械メーカーである。資本金は1億円、従業員は約100名である。売上高は約54億円（2017年6月期決算）である。その主な製品は、刈払機、芝刈機など古くからある製品で、銀行員などのビジネスマンからみれば、ありふれた成熟産業のイメージがあるのではないか。

　カーツ社は、1922年（大正11年）に農業用発動機の製造を目的として個人創業され、その後、1966年に農業用発動機の生産を中止して刈払機を主力製品とし、さらに芝刈機など幅広く農業用機械を生産する中堅製造業となった。カーツ社は刈払機だけではなく、ラジコンモア（無線芝刈機）の開発など技術開発にも多くの資源を投入してきた。カーツ社の売上高の85％は輸出であり、開発・製造・販売している製品グループの売上高構成比は、以下のとおりである。

・刈払機や芝刈機などの自社ブランド製品で40％

・刈払機を主とするOEM（相手先ブランド）製品で15％

・同業他社にギヤユニットを供給する生産財ビジネスで35％

・補修用パーツビジネスで10％

第1章　カーツ社の復活とさらなる挑戦　5

これらの製品群はすべて伝統的で、古くからある製品と思われるだろう。しかし、どの市場でもそうであるように、この農業用機械市場でも技術的な優位性がなければ、海外との競争で価格だけの戦いになるコモディティー商品になってしまう。農業用機械市場がコモディティーにならない理由は、作業の対象である芝や雑草が多種多様であり、その生育地の地形も多種多様、さらに作業者も戸外で働く多種多様な体格の人であるからだと思われる。そこでは市場やその製品が使われる環境において、使い手の使い勝手を考えた深い技術の追求が要求される。その結果、外観には表れない技術とその技術に裏打ちされた信頼がブランドになっているのである。代表的な製品である刈払機を例にとって、カーツ社の技術を考えてみよう。

図表1-1に示すように、刈払機は大きく4つのユニットで構成されている。そのユニットとは動力の発生から伝達に至る順に、エンジン、シャフト、ギヤ、回転刃の4つである。

a　エンジン

生産量の多い量産メーカーの多くは、自社でエンジンを開発・製造している。戦後、岡山では小型エンジンを製造する多くの会社があった。カーツ社も当初はエンジンメーカーであったが、熾烈な競争のなかでエンジンの自社開発・自社製造をあきらめ、エンジンは外部調達し、作業機の開発・製造・販売に集中した。製造原価の半分を占めるエンジンを外部調達するという、自らの付加価値を削り、一般的にはブランドを放棄するように思える決断をしたのである。

図表１−１　刈払機を構成する４つのユニット

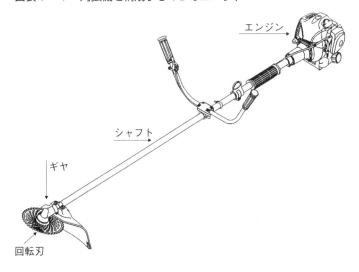

　刈払機を一見して、最初に目につくのはエンジンではないだろうか。そのエンジンにはエンジンの製造会社のブランド名が入っている。しかし、そのエンジンの製造会社名をみて、その会社が刈払機を製造・販売していると思う人だけではない。たとえば、公園や道路脇などの公共の場所の芝刈りや雑草刈り、またはゴルフ場や工場など広大な敷地の芝刈りや雑草刈りをする事業会社の作業者は、エンジンだけではない作業機そのものの性能や信頼性を知っている。だから、自社でエンジンを製造する大手メーカーではなく、カーツ社のような中堅の企業が存在感を示せるのである。

　その秘密とは何か。次に、シャフトをみてみよう。

b　シャフト

シャフトはエンジンの回転をギヤに伝達する機能部品である。そのシャフトに特別な技術的要素があるわけではないと思われるかもしれない。しかし、ゴルフを趣味とする人であれば、ゴルフクラブにおいてシャフトの性能はゴルフクラブ自体の性能を左右する重要なユニットであることを知っているだろう。作業機におけるシャフトの性能を左右する技術的要素は、強度、軽量性、振動抑制であり、これらは背反関係にある。カーツ社はこのシャフトについて、自社で仕様を決めて、製造を外注している。

c　ギ　ヤ

ギヤは2つの役割をもっている。1つは、エンジンの回転を作業に求められる回転とトルクに変換して回転刃に伝えることである。もう1つの役割は、角度を変えることである。草を刈る時に、次に述べる回転刃は地面に水平になる。作業者は刈払機を肩にかけて作業する。この時、作業者の姿勢に応じてシャフトの角度と回転刃の角度を適度につけているのがギヤである。通常この角度は55〜60度である。作業者には背の高い人もいれば背の低い人もいる。その調整は肩かけのショルダーバンドで行う。

ギヤは回転と角度の2つの要素を変換する重要な機能部品である。カーツ社の強みの1つは、高速回転で耐久性が高く、かつ静粛性の高いギヤの開発と製造の技術を有していることである。その結果、自社製品だけではなく、世界のトップクラスの

数社に年間300万個を超えるギヤを供給しているのである。

d　回転刃

　回転刃は刈払機の使用者からみれば消耗品である。回転刃が切れなくなれば、アフターマーケットで交換部品として調達することができる。カーツ社は回転刃を自社生産することなく、外部から調達している。回転刃自体は重要な機能部品であるが、自社内で付加価値を生み出せるものではないと判断している。

(2)　カーツ社の製品の価値はどこにあるか

　カーツ社が自社開発しているのはシャフトとギヤである。自社製造しているのはギヤだけである。そして、このシャフトとギヤはエンジンと回転刃の間に位置して、エンジンの回転を回転刃に伝える。実はこの高速で回転を伝達する時の振動や重量配分など刈払機の全体バランスが重要で、作業者の疲れを最小にして芝や雑草を刈り取る高い性能をつくりだしている。具体的には、回転をスムーズに伝え、最小の振動・最小の駆動音で回転刃を回して、作業機を使用する人にとって、最も疲れない重量配分やスイング時の慣性モーメントを生み出す。刈払機を知り尽くしたカーツ社は自社でギヤを開発・製造して、刈払機の高いバランス性能を生み出す。それがプロやセミプロといわれる作業者から高く評価されている理由なのである。

第1章　カーツ社の復活とさらなる挑戦　9

(3) "Made in Japan" で世界に挑む

　国内の農業用機械市場は成熟し、衰退しつつある。国内での
カーツ社のシェアは、4％にすぎない。地域別にみれば、生産
拠点のある西日本を中心にしており、関東以北でのビジネスは
北海道を除けば微々たるものである。しかし、国内でもプロや
セミプロを顧客とする高性能・高信頼性が求められる市場では
一定のシェアがあり、事業を長年継続して顧客にその製品を提
供している。また、国内市場向けに新たな製品を開発し、市場
開拓を進めている。しかし、その事業規模は大きくはない。

　このような環境のなかでカーツ社は活路を海外に求めた。海
外では、"Made in Japan" を掲げて、製品の性能向上によりブ
ランドを磨く戦略を推進してきた。"Made in Japan" は、生産
数量が少なく海外生産拠点のないカーツ社にとっては、ほかに
選択肢のない取組みであった。他社が主要部品であるエンジン
の生産を含めて海外、特に中国に生産移管するなかで、カーツ
社は "Made in Japan" にこだわっている。ニッチ戦略といえる
が、"Made in Japan" の刈払機や芝刈機を求める海外の代理店
や消費者は少ないとはいえ、存在するのである。

　図表1－2に示すようにカーツ社の取引先の国は42カ国にわ
たり、欧州、アジア、中南米に広がっている。各国ごとの市場
でのシェアはいずれも、販売台数で10％以下である。ただし、
後に述べるように、プロやセミプロ市場でのシェアは20％を超
える国があり、市場のとらえ方によってシェアの見方も異なっ

図表1-2　刈払機の国別の販売割合（含む国内）
〈2017年6月期（売上構成）〉

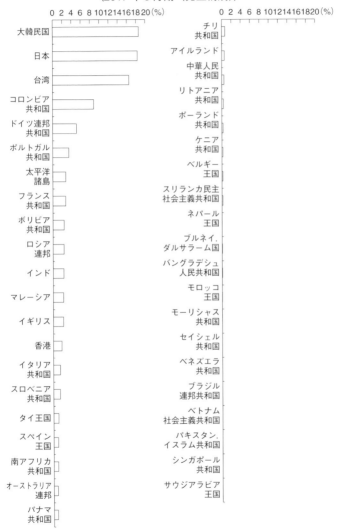

第1章　カーツ社の復活とさらなる挑戦　11

てくる。このように世界各国に取引先があり、それぞれの市場でカーツブランドを築いているということがカーツ社の特徴である。売上高に占める海外の割合は85％前後であり、販売市場が多国籍にわたることが売上の安定化をもたらしている。どこかの国がうまくいかないときでも、他の国がうまくいくことによって、全体では比較的安定した売上を達成できる。

(4) リーマンショック後の超円高で急激な業績悪化へ

　カーツ社の "Made in Japan" でプロ、セミプロ海外市場を開拓する戦略は成功したかにみえた。しかし、企業経営では、予期しない良いことが起きることもあれば、悪いことが起きることもある。リーマンショックとその後の超円高がカーツ社の輸出環境を激変させ、同社を収益面で厳しい状況に追い込んだ。リーマンショックの前年の2008年には170円／ユーロであった為替はその後急激なユーロ安（円高）になり、2012年には100円／ユーロまで大幅なユーロ安（円高）になった。この期間、カーツ社の最も大きな市場である欧州では従来の出荷価格を維持すれば現地の販売価格が２倍になり、現地の販売価格を維持しようとすると円ベースでは大幅な値下げになってしまう状況になった。しかし、カーツ社の製品の販売価格にそれに耐えられる利幅はない。この状況はアジアや北米でも同様だった。この時期は円だけが独歩高になり、カーツ社だけではなく、国内の主要な輸出企業の業績は急速に悪化することとなった。

2 事業性評価を超える 共通価値創造への取組み

(1) カーツ社の事業性評価始まる

　カーツ社では急激な円高と欧州の天候不順が重なったことにより、海外客先に対する船積みが滞り、神戸港には約18億円の在庫が残ってしまった。大量の在庫を抱えて急激に資金繰りが悪化した。綱渡りが続くなか、短期間で元に戻ると思われた為替はその後も長く円高水準を維持し、やがてカーツ社の体力を超えてしまった。このため、カーツ社とメイン行である広島銀行との間で情報共有に基づく支援策の協議が始まったのである。

　銀行員は、このような取引先の窮状に直面したときに何を考えるだろうか。真っ先に考えるのは事業実態の把握であり、その後のすみやかな貸出金の回収であろう。カーツ社は資金繰りが逼迫しているのだから、借金返済のための現金はない。そうであれば、銀行にとって必要なのは担保の確保であり、追加的な貸出の回避であろう。サラリーマンである銀行員にとっても、最も安全なのは足元のリスクを過大に評価してリスクをとらないことである。取引先の将来の業績回復にかけてリスクをとろうとする銀行、それを上申する銀行員はまれであろう。

　広島銀行では営業店と本店の法人営業部および融資部が共同で、カーツ社の現状分析の作業に入った。広島銀行が他行と大

第1章　カーツ社の復活とさらなる挑戦　13

きく異なるのは、法人営業部の活動である。法人営業部は事業性評価の専門部署としてカーツ社のビジネスを分析し、同社のビジネスは継続して支援する価値があるか、継続支援するなら何が必要かなどを評価・判断する。そして、広島銀行の法人営業部はその評価・判断にあたり、外部の専門家を起用してチームをつくることにした。そこで、外部コンサルタントとして、私を含むアットストリーム社のチームが参画することになったのである。

⑵　実態把握の過程で判明した多くのネガティブ情報

　外部コンサルタントとしての私の役割は、製造業としてのカーツ社の事業性を見極めて、具体的な改善計画を銀行とカーツ社とともに作成することであった。

　実態把握の作業を遂行するには、私が所属するアットストリーム社のスタッフだけでは足りず、広島銀行は大手コンサルティング会社Ａ社に海外売上の大きな割合を占める欧州の調査を依頼した。Ａ社のコンサルタントは、机上で必要な調査事項を整理した後、欧州の代理店を訪問してカーツ社のビジネスの実態や課題などを聞き取り、必要な資料を入手して調査報告書をまとめた。

　Ａ社のコンサルタントは一連の報告の後の検討会の席で、「現地で何人かの業界関係者に聞いたが、だれもカーツ社を知らない」と発言した。実際には代理店がカーツ社の製品を販売

14　第Ⅰ部　経営改善事例で考える共通価値創造

しているのだから、業界のだれも知らないということはありえない。彼が言いたかったのは、「現地調査のついでに何人かの市場関係者に話を聞いたが、カーツ社の名前を知っている人はいなかった。それだけカーツ社の認知度は低い」ということだろう。大きな欧州市場で、わずか2名のコンサルタントが数名の業界関係者に話しかけた結果、だれも知らなかっただけのことである。しかし、だれも知らなかったという発言は、カーツ社の市場での存在価値はないと報告しているに等しい。

　どのようにしたらカーツ社が再び息を吹き返し市場で勝ち残れるかという課題に挑戦している銀行とカーツ社、そして私からみれば、実に軽薄な報告としか思えない。しかし、この軽薄な発言が今後の取組みに反映されれば、銀行が支援する根拠はなくなってしまう。ただでさえリスクを必要以上に高く意識しがちな局面で、銀行と銀行員が、「市場で認知度がゼロの会社を、これから短期間で、それも海外市場で復活させることができるとは思えない」と深く刷り込まれるのは必然ではないだろうか。事前の調査ですでにわかっている情報として、42カ国に及ぶ取引先のどの国でもカーツ社のシェアは低い。教科書的に考えれば、なんの取り柄もなく、ただ売れるところに少しずつ売っているにすぎない会社と判断されても仕方がない。

⑶　実在庫の把握は正確で、オペレーションは信頼できる

　しかし、広島銀行と私からみれば、カーツ社には事業継続の

可能性を高めるいくつかの要素があった。

アットストリーム社のチームメンバーであるコンサルタント（会計士）は神戸港にある外部倉庫に出向いて、カーツ社の在庫の実態を調査した。その結果、帳簿在庫と実棚（実在庫の数）が完全に合致していることを確認した。帳簿在庫と実棚が合致するのは当たり前だと思う人もいるだろうが、それは日々の入出庫伝票と現品の出入りおよび入出庫記録が確実に行われ、システムに反映されているということである。

業績改善において重要な視点は、「戦略よりもオペレーション」である。戦略は変更できるが、ずさんなオペレーションが習慣になってしまっている会社を規律ある会社にするには時間がかかる。簡単には直らないのである。

⑷　高い製品力と高付加価値のブランド

たしかにカーツ社の主力製品の１つである刈払機のシェアは、世界42カ国いずれの国でも10％以下と低い。そこで、私は市場での同製品のポジショニングについてもう少し細かく、販売価格とシェアの２軸で調査することにした。

市場で高い価格で販売されていてシェアが高ければ、その商品は市場において魅力的なポジションにあると思われる。カーツ社のシェアが低いということはまず間違いのないことであるから、そのうえ販売価格も低ければ、その商品が市場において魅力的なポジションにあるとは思えない。シェアを伸ばす方法として、価格を下げる体力はない。価格を上げようとしても、

16　第Ⅰ部　経営改善事例で考える共通価値創造

すでに安値で売られていれば、無理な相談だろう。

　まず、シェアについては、現地の代理店にその国の市場規模と販売されているメーカー（ブランド）別の販売数を問い合わせることにした。しっかりした市場データがある国もあれば、信頼できるデータがなく代理店のもつ情報を参考にするしかない国もあった。シェアは成熟した市場での競争において重要な要素である。業界紙や業界団体の調査報告書で販売量やシェアがわかるのは通常、上位を占めるリーディングカンパニーだけである。カーツ社のようにシェアの低いメーカーはその他に分類される。そこで、海外代理店のオーナーや親しくしている担当マネジャーに連絡して、大まかな感覚でもよいからとシェアを問い合わせた。

　次に、市場で販売されている価格については、代理店はその先のディーラーに対する卸店にすぎず、正確な販売価格が入手できるとは思えない。そこで、ネット販売における価格を調べることにした。ありがたいことに、刈払機は各国でコモディティー商品になりつつあり、ネットでの販売が行われている。フランスやイギリスやベルギーなどでその製品がいくらで売られているかを、日本に居ながら調べることができる。たとえば、ベルギー市場におけるポジショニングは図表１－３のとおりであった。

　カーツ社のベルギーにおけるシェアは１％程度である。ランチェスターの法則を研究したアメリカの数学者B.O.クープマンによると（注）、カーツ社のポジショニングは市場存在シェ

図表1-3 ベルギー市場におけるポジショニング

〈ベルギー市場における各社の想定シェア〉

エンジン刈払機		
メーカー名	台数	シェア
Stihl	18,000	45%
Husqvarna	6,000	15%
Emak	4,000	10%
Echo	3,000	8%
Kaaz	300	1%
その他	8,700	21%
合計	40,000	100%

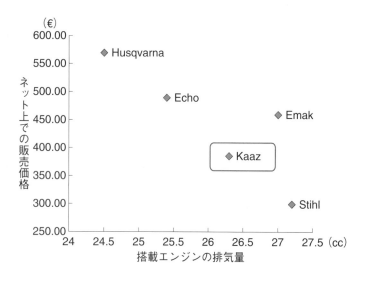

18 第Ⅰ部 経営改善事例で考える共通価値創造

ア6.8％をはるかに下回る1％であり、市場でその存在自体が否定されるほど低いことになる。

　（注）　クープマンによる市場におけるポジショニング
　　　　・独占的市場シェア：73.9％以上　首位が絶対安全な地位
　　　　・安定的トップシェア：41.7％以上　業界における安定した地位
　　　　・市場影響シェア：26.1％以上　市場に影響力をもつことができる地位
　　　　・並列的競争シェア：19.3％以上　市場影響シェアをねらう地位
　　　　・市場認知シェア：10.9％以上　競合他社から存在を認知される地位
　　　　・市場存在シェア：6.8％以上　存在限界の地位

　一方、販売価格をネットで調べてみると、カーツ社の製品はベルギーの市場において、世界のリーディングカンパニーであるHusqvarna（ハスクバーナ）には及ばないが、同じく世界のリーディングカンパニーであるStihl（スチール）よりも高い販売価格で売られている。つまり、刈払機の売価は上位カテゴリーに位置しており、厳しい事業環境にあって安売りされていない。

　刈払機と同様に芝刈機を調査したところ、ベルギーにおける芝刈機の市場シェアは約20％と思われた。ベルギー市場においてカーツ社が他社にOEM供給している製品も含めれば、シェアは50％程度になった。その芝刈機におけるブランドが刈払機の価格を維持できている理由であろう。つまり、ベルギー市場において、技術力や製品力を通じたブランド力が保たれている

第1章　カーツ社の復活とさらなる挑戦　19

ことを示している。ネット販売での価格は店頭と異なり、自由市場として顧客の認知するブランド価値がそのまま価格に表れているといえる。

　今回調べた競合企業はすべて名のあるメーカーであり、このほかに新興国のいわゆる低価格品が桁違いの数量で出回っている。欧州だけではなく途上国でも "Made in Japan" の高い商品を少量でも販売しているということは、細分化した市場カテゴリーで一定の価値が認められているということである。つまり、刈払機全体の市場ではなく、上位カテゴリーという戦うべき市場を定義して、そこで事業継続ならびに今後の成長の可能性を考えるべきなのだ。カーツ社はこれをセミプロ市場と名づけて、世界42カ国に売っている。このように製品のポジショニングを再構成すると、カーツ社の製品は世界42カ国のセミプロ市場においては、プレミアムなブランド価値をもっているといえる。

　カーツ社は1万回転でも安定してエンジンの回転を回転刃に伝える中核部品であるギヤを全量内製しており、そのギヤは自社製品への搭載だけではなく、世界の大手農機具メーカーに供給されている。このことは、生産財メーカーとしてその技術力やコスト競争力が証明されていることを示しているのではないか。

　カーツ社と広島銀行と私は、カーツ社の製品が市場で高い値段でも売れているという事実と、それを裏付ける技術力に市場価値を見出し、それを共通価値の1つとすることができた。

⑸　不稼働損がもたらす損失は年間1億円

　もう一つの要素は、オペレーションの改善余地が大きいと判断されたことである。

　農業用の機械の販売の季節変動が大きいことは当初より理解していた。しかし、その実態は想定を超えるものであった。図表1-4は、2013年度の組立部門における保有能力と負荷の関係を示したものである。

　保有能力は、稼働日における組立部門の社員の総労働時間である。約45人で月々の保有能力は約7,000時間になる（1カ月残業なしで160時間／月）。負荷は、年間の計画生産数量に対応する組立部門の能率標準をもとに計算した必要時間である。

図表1-4　年間の保有能力と負荷（計画・実績）の関係

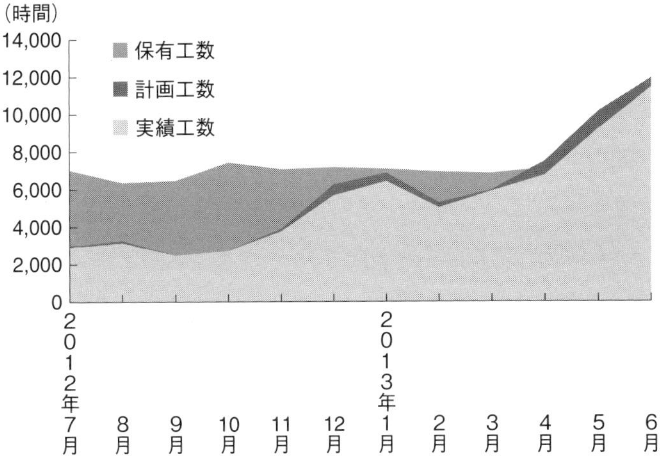

売上の少ない夏場には生産量は少なく、たとえば、7・8・9月の第1四半期と10月は計画工数でみると約3,000時間の負荷である。つまり、3,000時間保有していれば生産できる。しかし、実際には約7,000時間保有しているので、1カ月では約4,000時間（7,000−3,000）もの余裕、すなわち無駄がある。この保有能力と負荷の差4,000時間は何も生産していない時間であるから、製造費（製造労務費と製造経費）のすべてが不稼働になっているということである。実際にはたとえば、昼までで終わる作業を定時までかけてゆっくりと行う、または生産とは直接関係のない設備メンテナンスや建屋の掃除で時間をつぶすといったイメージになる。

　不稼働時間があっても労務費は支払われるし、減価償却費や電気代などの製造経費も同じようにかかる。ほとんどの製造業ではこの不稼働時間を測定していないが、ありがたいことにカーツ社では製品ごとに1台組み立てるのにいくらの時間がかかるかという能率標準をもっており、それをもとに保有能力と負荷を計算していた。しかし、その不稼働時間をお金で表現することをしていなかった。不稼働損は次の計算式で求めることができる。

　　不稼働損＝1時間当り全部原価×不稼働時間

　春になり夏草が茂る頃の4・5・6月の第4四半期は、保有能力をはるかに超える負荷になっている。正社員の休日出勤・残業だけではなく、派遣社員・パート・アルバイトを雇う。また、この時期は管理部門や営業部門、さらには開発部門の人員

も交代で生産に従事しているのである。これを超過稼働損という。定時内ですべての固定費、たとえば減価償却費や定時内の電気代などはまかなわれていると考えると、超過稼働損は次のようになる。

　超過稼働損＝1時間当り増分コスト×超過稼働時間

　増分コストとは、労務費では125％（休日勤務・深夜勤務では150％）の割増給与、経費では時間外の電気代などである。

　2013年度の生産計画に基づいて計算すると、カーツ社の不稼働損は年間約1億円となり、超過稼働損は年間約0.3億円、合計で年間約1.3億円と計算できた。

　不稼働損はいずれの会社でも発生しているが、やっかいなのはみえないコストになっていることである。一方、超過稼働損は残業代や外部への支払によりみえる。しかし、超過稼働の時期は、多く生産し、多く売り上げるので、月次損益は黒字になり、ここが儲け時の良い月であると認識しており、問題を解決しようとはしない。

　カーツ社と広島銀行と私は、年間で平準化生産して不稼働損と超過稼働損をなくせば、年間で最大1.3億円の刈取り（利益貢献）ができることを確認した。

　カーツ社の勝矢社長は、このようなもったいないものづくりをしていた背景について、次のように話している。「3つの理由がある。1つは、ジャストインタイムの生産方式を伝授する先生たちは、売るときに売るものをつくれと指導する。だから、7〜10月は販売量が少ないので、つくるものがない。2つ

第1章　カーツ社の復活とさらなる挑戦　23

目は、夏から秋にかけてすぐには必要のない製品をつくれば在庫になり、在庫資金が必要となる。3つ目は、もし在庫資金を銀行にお願いすれば貸してくれるかもしれないが、そもそも、そのようなものづくりが利益を生むという発想がなかった。それを説明する合理的な理論をもたなかったし、説明しても銀行には理解していただけなかったと思う」。

　生産量を平準化することにより、年間1.3億円の改善余地があり、これを100％刈り取ることにより、黒字化に大きく近づくことになる。カーツ社と広島銀行と私はカーツ社の事業の特徴をふまえれば、十分に刈取りができるという共通価値を共有した。

(6)　経営者のリーダーシップが信頼の基本

　ところで、改善・改革で業績が回復することが見込めれば、銀行はどのような企業でも支援するのだろうか。

　経営計画には立案と実行の2つのフェーズがある。経営計画書を作成する段階で、だれもが実行と刈取り（成果をあげる）の可否を慎重に見定めようとする。銀行や外部コンサルタントだけではなく、実はカーツ社自身が最も実現可能性を気にしているのである。もし実行と成果の刈取りについてカーツ社が銀行任せなら、銀行は不安になるだろう。

　経営者が口で実行を固く約束し、幹部にも頑張れというだけで、銀行が大きなリスクを背負うことはできない。銀行の営業店長や本部の担当役員が「この経営者となら、ともに厳しい道

を歩み続けることができる」という気持ちにならなければ、金勘定だけでリスクのある取組みを進めることはできない。事業性評価を共通価値創造の必要条件とするなら、経営陣と銀行の心のもちようがその十分条件になる。

　銀行がカーツ社の実行力を確信したいくつかの事象を紹介しよう。

　カーツ社の事業性評価のために、初めて岡山の西大寺にある本社（および本社工場）に出向いた時のことである。大部屋の総合事務所に入るなり、全員が起立して「いらっしゃいませ！」と挨拶した。私はいつものようにはっきりした声で「おはようございます」と応えた。会議室では社長が当日の予定と担当者の時間割を再確認した。きびきびとした組織的な対応であった。

　さらに、仕事が終わって帰る時に私が「ありがとうございます。お先に失礼します」といって総合事務所のなかを通ると、また全員が起立して「ありがとうございました！」と礼をするのである。そして外に出ると、われわれを最寄りの駅まで送ってくれる使い古した社用車が準備されており、役員全員がそろって立って、バックミラーに姿が映らなくなるまで見送ってくれた。初日だけではない。現在まで６年間、変わらない応対である。小雨の降るなかでも外で、来訪者の姿がみえなくなるまで見送る経営陣の態度は一朝一夕にできるものではない。

　広島銀行も私も「この会社ならやり遂げる。何をすれば業績が回復するかを共有することができれば、カーツ社の実行力を

第1章　カーツ社の復活とさらなる挑戦　25

心配することはない」と確信した。"Made in Japan"の精神と社風は、製品だけではないのである。決して浪花節ではなく、カーツ社の経営陣のリーダーシップに高い信頼が置けることを確認したということである。

　また、勝矢社長も役員もゴルフが大好きだが、勝矢社長は役員と話し、「業績が回復するまでゴルフはやめよう」と全員で決定した。そして、社長自身、慣れ親しんだゴルフクラブを中古品として売ってしまった。自分自身の迷いを断ち切るためだった。各役員は、社長でありオーナーである勝矢社長に迷うことなく従った。

　ゴルフを好きな方は理解できると思うが、好きな物事を断つのは本当にむずかしいことである。何か理由をつけて、たとえば上得意様の誘いだからなどという理由をつけて、例外をつくるものである。境界をあいまいにすることによって、多くの決断やルールがなし崩しになってしまう。

　実は、勝矢社長はアプローチウェッジ1本のみ手元に残していた。業績回復を実現して、もう一度好きなゴルフができる日をイメージしていたのだろう。3年経って、十分に業績が回復してきた頃に「役員のゴルフは解禁したい」と話した。自身がゴルフを解禁したのは、その1年後である。ちなみに、勝矢社長の自家用車は社長の母親が乗っていた33年前のコロナである。クラシックカーの趣味があるわけではない。

26　第Ⅰ部　経営改善事例で考える共通価値創造

3 中期経営計画の策定

(1) SWOT分析でみるカーツ社のポジショニング

　カーツ社を支援することを決めたら、次に必要なのは、その方針のもとで、具体的で実現可能な経営計画を立案することである。具体的な経営計画が立案できなければ、銀行はやはり支援できないという結論になる。このように方針が決まった後で、具体的な方策を検討するときに役立つのがSWOT分析である。図表1－5は、カーツ社のSWOT分析を模式的に示したものである。

　業績回復までに長期間を必要とする計画では、債権者である銀行団の支援を得るのはむずかしい。しかし、業績回復に効果的な取組みを簡単に実施できるとは限らない。SWOT分析を作成しながら、どのようにしたらカーツ社が短期間で業績を回復できるか議論した。「SWOT分析による4つの戦略」の概要を記す。

a　SO戦略（Maxi-Maxi：マキシーマキシ戦略）

　SO戦略とは"Strengths（強み）"と"Opportunities（機会）"を組み合わせて、業績を大きく伸ばす方法を検討するものである。たとえば、

・高性能のギヤには安定した取引先があるが、現在の取引先以

第1章　カーツ社の復活とさらなる挑戦　27

図表1－5　カーツ社の SWOT 分析

[S：強み]	[W：弱み]
・高性能のギヤの技術（開発と生産） ・優秀な開発人材 ・経営陣のリーダーシップ ・世界各国に広がる販路 ・直販体制 ・低コスト生産 ・開発中の自社エンジンの競争力の 　可能性 　　　　　⋮	・売上高輸出比率85％で為替リス 　クが大きい ・脆弱な財務体質 ・小型の農事機に偏った事業構造 ・季節変動が大きく低稼働の時期が 　半年ある ・（海外）いずれの国でも低い販売 　シェア ・主要ユニットであるエンジンを調 　達に頼る構造 　　　　　⋮
・Made in Japan による市場の高い 　評価 ・世界に広がる販路の活用 ・（各国）低い販売シェアには伸びし 　ろがある ・競合他社がエンジンを海外（中国 　他）生産し、Made in Japan の小 　型エンジンがなくなりつつあるこ 　とによる自社のブランド向上 ・不稼働損と超過稼働損の解消で1.3 　億円の利益改善が可能になる 　　　　　⋮	・プロ、セミプロ市場におけるグ 　ローバル企業のブランド力と販 　売力 ・大手企業の量産および現地化生産 　による価格競争力 ・中国、インドなどの製品の性能向 　上のスピード ・円高の定着による価格競争力の低 　下 　　　　　⋮
[O：機会]	[T：脅威]

外にも取引を拡大するための活動を行う、

・"Made in Japan" をさらに訴求して、まだ販路がつくられていない南米などを新規開拓する、

などである。

しかし、実際にはこれらの拡大戦略は確実な成果を保証するものではない。売上増大のための販促活動は行うが、経営計画においては売上高の拡大という希望的な観測は数値化しないことにした。

一方、"Made in Japan" の自社エンジン開発は計画に盛り込むことにした。カーツ社では、将来の成長のために海外のベンチャー企業と新型のエンジンの研究開発を進めていた。多少のお金がかかっても、この開発プロジェクトは継続することにした。製造業で開発を中止し、将来の成長の芽を摘んでしまっては、短期的に業績が回復しても継続的に安定した業績をあげることができるとは思えないからである。

b ST 戦略（Maxi-Mini：マキシーミニ戦略）

"Strengths（強み）" と "Threats（脅威）" の関係を検討し、強みを生かしてリスクを最小化する具体策を考える。カーツ社のような中堅企業が世界で戦うことについては、討議すればするほど、さまざまなリスクが浮き彫りになる。具体的な取組みとしては、ギヤのさらなる性能向上とコストダウンで、一定の安定した売上を確保することにした。

c WO 戦略（Mini-Maxi：ミニーマキシ戦略）

この時点でのカーツ社の最大の弱みは、資金不足のなかで輸

出環境がいつ回復するのかがみえないことである。その
"Weakness（弱み）"を軽減できるように"Opportunities（機
会）"を最大限に生かす方法はないか。何よりも広島銀行の金
融支援を確実なものにする具体的な経営計画が必須である。そ
のなかで最大の方策は、不稼働損と超過稼働損をなくすことに
より、1.3億円の利益改善を実現することである。外部環境や
市場環境に頼るのではなく、自社の努力でできる業績改善策を
確実に実行することによって、確実に成果を刈り取ることを経
営計画の基本的な考え方とした。

d WT戦略（Mini-Mini：ミニーミニ戦略）

"Weakness（弱み）"と"Threats（脅威）"を検討して、リスク
を最小にする取組みを考える。ここでも弱みである財務体質を
銀行が支えてくれている間に、不稼働損と超過稼働損を解消し
て1.3億円のコストダウンを実現し、円高の影響を最小限にす
ることが基本的な戦略となる。そのうえでセミプロ市場におけ
るブランド力を生かし、世界各国に広がる直販市場で確実に1
台ずつ増販することを目指す。

(2) 売上高を増やさない経営計画

カーツ社と広島銀行と私はこのように業績改善の全体像を描
いていった。広島銀行とカーツ社は業績改善策とその成果を試
算、数値化し、損益計算書と資金繰り表を見直し、事業継続性
を検証し、第1次中期経営計画（中計）を策定した。図表1-
6は、その損益計画のうち、売上と経常利益を示したものであ

図表1−6　第1次中期経営計画（損益計画）

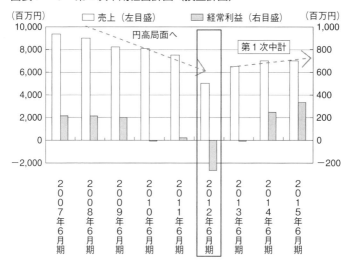

（単位：百万円）

		2013年6月期	2014年6月期	2015年6月期	累計
第1次中計	売上	6,500	7,000	7,000	20,500
	経常利益	△8	247	335	574
第1次中計修正	売上	5,504	5,639	5,640	16,783
	経常利益	△144	139	237	232
第1次中計実績	売上	5,512	5,457	5,331	16,300
	経常利益	△129	173	272	315

る。

　第1次中計を策定した2012年度は、1ユーロが100円の異常ともいえるユーロ安（円高）になった年であった。為替とカー

ツ社の売上高の関係をみると、輸出が売上の85％を占めるカーツ社の業績は為替に大きく左右されることがわかる。

そこで、計画作成にあたって次の2点が重要な要素として討議された。

1つは、1ユーロが100円、1ドルが80円という超円高はあまりにも極端すぎると考えられ、今後はさらなる円高は考えられず、徐々に円安に移行するとの前提を置いた。そうすると過去の売上実績では、円高局面に入る直前で90億円の売上高を達成しており、かつ海外の代理店との良好な関係は維持されており、売上増は確度の高いものと考えた。

2つ目は、為替の前提条件に加えて約18億円ある過大な在庫を使って必要な時に即納できるという利点を積極的に活用すれば、過大な在庫の約半分である10億円程度の売上増は見込めると判断した。

その結果、3カ年計画の売上高を図表1－6下段に示すとおり、65億円、70億円、70億円に設定し、計画財務諸表が作成された。

しかし、実際には上記の前提条件のうち、過大な約18億円の在庫を活用して売上を拡大するという取組みは、欧州の代理店が保有する在庫の消化が進まず、実現しないことがわかってきた。そこで、中計初年度の期中に売上計画の下方修正を行った。

この修正計画は、超円高で最低の売上になった2012年度から、わずか10％の伸び率である。当初の計画と比べると、3カ

年の累計経常利益額が5.74億円から2.32億円へと大幅な減少になる計画である。しかし、売上高の下方修正に対応して生産高を落とし、在庫からの出荷計画は変更しないという計画修正を同時に行ったため、銀行への返済計画に必要なキャッシュは十分に確保される。

　実際には図表1-6下段の「第1次中計実績」に示すとおり、3カ年の累計経常利益は修正計画を上回る3.15億円を確保することになった。後に述べるとおり、この時点での計画修正が平準化生産の取組みのスピードを速めて、売上拡大を前提としない業績改善を実現したのである。

　数値計画を作成するにあたって、売上が伸びることを前提にすれば利益のあがる計画を作成することは容易である。しかし、これは「タラ・レバ」の経営計画であり、その弊害は大きい。カーツ社の場合も最初は確度の高い計画として売上増を見込んだが、それが現実的ではないとの情報を共有し、早めの計画修正をしたことがその後の業績改善を速めることとなった。カーツ社でも、当初計画どおりに売上目標達成を至上命題としていれば次のような弊害が出ていたかもしれない。

・数値計画を作成する過程で、「経営計画は机上の計算でよい」という安易な理解をしてしまう。結果として、企業は自らの責任として目標達成に取り組む姿勢を失う。

・そもそも、どこに改善余地があり、どうすれば競争力が上がるかを考えなくなってしまう。

・売上を伸ばすために、営業部門は製品の値段を下げようと

し、経営陣もそのように指示する。

厳しい競争環境下で、価格を下げずに売上を伸長させるのは無理がある。そもそも売上が落ちたから業績が悪化したのに、経営計画をつくっただけで売上が上がるわけがない。カーツ社は売上高の伸長に期待せず、実力値がどの辺りであるかを見極める討議を繰り返し、売上高50億円前後で利益のあがる会社を目指すことにした。

そのために必要な施策が、平準化生産による不稼働損と超過稼働損の解消である。それによる利益改善効果は、不稼働損の解消で1.0億円、超過稼働損の解消で0.3億円の合計1.3億円と見積もった。

(3) 在庫を削減する経営計画

カーツ社には神戸港の倉庫に過大な18億円の在庫が残り、本来の正常な在庫をあわせて手持ち在庫が26億円になっていた。海外の市場（代理店）にある在庫については対応できないが、船積み前に滞留した約18億円の過大な在庫をどう活用するか。

まず、新たな受注品目が在庫で対応できるものであれば、すぐに在庫を引き当てて船積みすればいい。在庫が受注品目に引き当たらない場合は、神戸港の倉庫にある在庫をいったん工場に移動してユニットに分解して再組立てをし、顧客の要求仕様にあわせれば、最短の納期で出荷できる。そうすることによって、在庫を急激に減らすことができる。

製品を分解する手間がかかるので一見無駄なように思える

34　第Ⅰ部　経営改善事例で考える共通価値創造

が、仕入れが減り、在庫が減る分キャッシュフローが改善され、生まれるキャッシュを銀行に対する返済に回すことができる。手元資金が潤沢な会社であれば低金利の現在、取り組むべき課題ではないかもしれないが、カーツ社においてキャッシュの創出は最重要課題である。

　次に、この在庫を活用して平準化生産を推進することが考えられる。在庫を売りさばくまで、繁忙期の生産水準を落とすということになる。

(4)　カーツ社を生き返らせた広島銀行の決断

　問題は、滞留した過大な在庫18億円をファイナンスする資金を銀行が手当するか否かである。過大な在庫を動産担保として約18億円貸し、その在庫が売れた分だけ返済に充てる。銀行がそのリスクを引き受ける前提条件は、カーツ社の経営が軌道に乗って営業利益が黒字になると見込まれることである。

　本件にかかわる広島銀行の部署は３つある。営業店・融資部の役割はどこの銀行にもある基本的な機能である。営業店は取引先を開拓し、取引を拡大する。日常的な取引のなかで人脈も形成しているから、できれば取引先を支援したい。一方、融資部は貸出審査の専門部署であり、取引先の支援が可能かどうかを判断する。

　リスクを小さくみれば安易な貸出が増え、回収できなくなり、銀行の収益性や健全性が低下することになる。リスクを過大にみれば貸出を絞ることになり、取引先企業の事業継続や育

第1章　カーツ社の復活とさらなる挑戦　35

成を阻害することになりかねない。それは、銀行の成長を妨げることにもなる。しかし、厄介なことに銀行員の立場では、カーツ社のリスクを過大に説明するほうが責任を負わずにすむし、何よりもリスクを過大に説明することは、事業継続性を説得するよりもはるかに容易である。

ここで、広島銀行ではもう一つの部門である法人営業部の役割が重要になってくる。カーツ社の事業そのものを正しく理解し、経営資源を正しく評価することによって、改善余地を検討し、その実行と実現可能性をカーツ社と共有する役割を担う。改善余地が少なく、または改善の実行力がないと判断すれば、その判断を正しく営業店と融資部に伝える。営業店と融資部と法人営業部は協議のうえで支援の方向性を決めて担当役員に諮ることになる。銀行業務の原点に立ち返り、取引先の事業を理解し、より高度なソリューションを実践する法人営業部の役割は大きいのである。

そして、最終的に広島銀行はカーツ社の支援を決定し、具体的な経営計画の作成と並行してカーツ社の取引先金融機関や仕入先や販売先に方針を説明し、その理解と支援を得られるように説得した。カーツ社は広島銀行とともに関係金融機関に経営計画書を説明し、今後の資金支援への協力を要請した。これに対して協力を拒否し、貸出金の返済を迫った銀行もある。それらの資金は広島銀行が肩代わりして、残った他の銀行とともにカーツ社を継続支援する体制を維持した。

こうして広島銀行が大きなリスクをとってカーツ社を支援す

る決定をしたことによって、カーツ社の業績改善の取組みは計画段階から実行段階へと進んだ。初年度の経営計画は、第1次中計の修正で実力値と思われた55億円の売上を設定し、初年度での在庫からの売上を10億円と設定した。そうすると生産高は45億円（55億円－10億円）程度になる。在庫の減少分10億円は動産担保による借入れの返済に充てる。改善余地を数値化して経営計画として示すことで、銀行と企業と専門コンサルタントのねらいが一致するのである。

4 中期経営計画の実行

⑴ 生産量が減ることを覚悟して平準化生産に取り組む

　最初に取り組んだのは、四半期での平準化生産の実施である。

　カーツ社は過大な在庫を抱えていたので、受注引当を行い、引当できる製品については在庫から出荷する。また、製品在庫をいったんユニットに分解して、受注仕様にあった製品に組み替えることにより出荷する。それでも引当できない製品のみが生産対象になるので、これを漫然と行っていたのでは不稼働損が膨大になる可能性がある。そこで、製品別の年間販売予測を立て、標準部材で生産できる製品については先行して生産し、年間の生産量を平準化する取組みに集中した。

　刈払機や芝刈機など製品の生産の平準化について考えてみよう。

　7・8・9月の第1四半期は、最も売上の少ない時期であり、生産高も最も少ない。この時期には、標準品で1年間の出荷台数が安定している刈払機の生産を行う。また、それだけでは生産高が十分ではないため、シャフトなどユニットの生産量を増やした。しかし、すでに述べたように手元に大量の在庫を

38　第Ⅰ部　経営改善事例で考える共通価値創造

保有しており、増やせる生産量は限られている。2013年度・2014年度・2015年度にはまだ在庫を消化しきれず、第1四半期の生産量を十分に増やすことはできなかった。平準化生産が完成したのは、4年目である。

　次に、ギヤの平準化生産について考えてみよう。ギヤはB2Bビジネスである。欧州にある顧客の工場にギヤを届けるためには、国内における生産リードタイムのほかに約1カ月の船便による輸送期間がかかる。顧客の工場への納入遅延は致命傷である。このため、従来は余裕をもって多くのギヤを現地で在庫として抱えていた。発注を受けてから生産していたのでは間に合わないためである。また、顧客の月々の発注量は倍半分（半分から倍）以上の増減があり、その変動量をそのまま生産計画に反映しようとすれば大きな不稼働損・超過稼働損を出してしまう。

　そこで、カーツ社では「3カ月平準化生産ルール」をつくり、先3カ月の累計変動量を予想してなだらかな生産計画にした。さらに、客先に納入するまでの船便のリードタイム1カ月分の洋上在庫を安全在庫に組み入れることによって、洋上を含む海外の在庫を減らした。図表1−7に四半期での平準化生産の達成状況を示す。当初は夏場の不稼働損と第4四半期の超過稼働損が発生していたが、毎期の改善が実り、2016年度以降は四半期での生産量がほぼ同じ水準になっていることがわかる。

　このようにして3カ月平準化生産で不稼働損・超過稼働損が減少する一方で、在庫も減らしてキャッシュ化することができ

第1章　カーツ社の復活とさらなる挑戦　39

図表1-7 四半期生産額でみた平準化生産

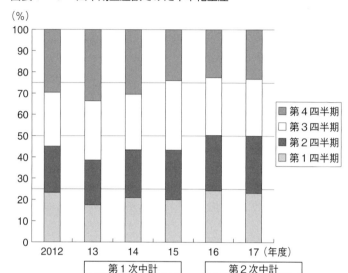

た。これにより、キャッシュフローは経営計画以上のスピードで改善したのである。

(2) リストラの決断

第1次中期経営計画が始まって1年目のことである。在庫があるので生産量は約10億円減少した。平準化生産が実現していくと、保有能力すなわち正社員の数自体が余ってくる。図表1-8は業績改善の取組み5年目の2017年度の平準化の状態を示している。初年度から徐々に平準化生産に移行していったのである。

不稼働損をなくして、最も効果的に生産するためには、「少

し忙しい状態」をつくることが必要になる。具体的には、平均1～2時間程度の時間外労働が必要となる状態である。仕事量が少なくて余裕が出てくると能率は下がる。そこで、2013年度で月平均7,000時間あった保有能力を平準化後5,500時間に約20％削減できれば、生産性は格段に上がり、当初計画の「平準化生産による不稼働損および超過稼働損の削減で1.3億円」に加えて「保有能力削減による固定費削減で0.8億円」で、合計2.1億円のコスト削減ができる。

しかし、保有能力の20％削減は、実際にはリストラによって労務費を削減することを意味する。外部の銀行員やコンサルタントにとって、目的のために必要な施策を実行するのは当然だが、経営者にとって長年一緒に働いてきた従業員の一部を解雇するのは断腸の思いだろう。

勝矢社長と2人で食事をした。目標を達成し、会社の存続を目指すのならリストラやむなしである。会話の間合いが次第に長くなり、沈黙が続く。

「社長が社員に言いにくければ、私が会議の場で打ち出してもよい。私を悪者にしてもよいから進めてほしい」といわなくてもよかったことをいってしまった。「私が責任をもって、役員・社員に話をします。責任をもって実行します」と答えた勝矢社長の目が赤く、涙が浮かんでいたことをいまでも鮮明に覚えている。

多くの会社で、合理的に考えればリストラもやむなしというときに、社長が決断できずにずるずると事態が悪化している。

第1章　カーツ社の復活とさらなる挑戦　41

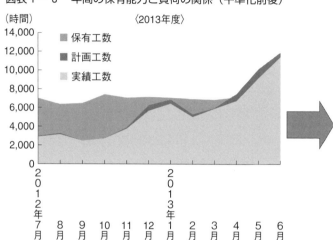

図表1-8　年間の保有能力と負荷の関係（平準化前後）

　特に地方銀行の取引先は、社長が地元の名士・名門であったり、商工会議所などの団体の役員を務めていたりするために、世間体を考えて、何とかならないか、神風は吹かないかと決断を先延ばしする。

　しかし、それは間違いなく経営者の甘さである。厳しい競争のもとでは、決断の先延ばしは業績改善、業績回復の機会の逸失につながる。銀行の内部では甘い経営者に対する評価は厳しく、銀行が支援に消極的になる大きな要因となる。従業員を大事にしながら断腸の思いでリストラを決断する経営者のリーダーシップが、会社を再び優良企業へと導くのである。

　何年か経って同じイタリアンレストランで食事をした時に、勝矢社長が「あの時のレストランです」といわれた。私にとっ

〈2017年度〉

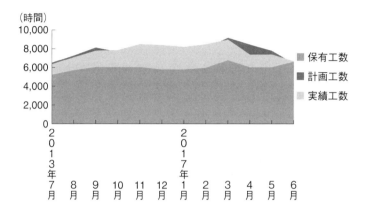

ても忘れることができないレストランである。

5 直近5年間で目覚ましい業績回復を達成

　直近6年間の業績をみてみよう。売上高、生産額と在庫の推移を図表1－9に示す。

　実際にはカーツ社は、中計を策定した前後から為替がユーロ高（円安）に転じ始めたことや、欧州における天候の影響などから、滞っていた欧州向けの出荷が上向いてきた。ユーロだけではなく、全体的に円高から円安へ為替が変わってきたことにより、計画初年度である2013年度の売上は55億円になった。

図表1－9　売上高・生産額・在庫の推移

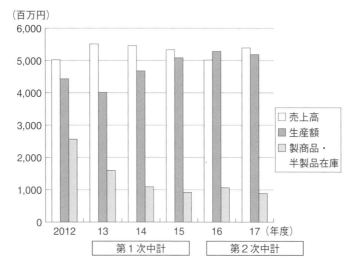

しかし、その後もカーツ社は売上計画を約50億円に設定し、「売上で無理をしない」経営計画を堅持してきた。さらに、セミプロ市場（売価の高いグループに属する）での存在感を絶対に守るべきものとして、第1次中計期間で各国の為替を検討しながら10〜30％の値上げを行った。その結果、主力の刈払機の販売台数は5年間で40％減少したのである。それでも、ブランドを守り利益を維持するために売価を下げることはしなかった。

　売上高の85％を占める輸出部門の営業担当者は6人おり、その平均年齢は35歳である。売上確保のために価格を下げるのではなく、顧客に価値を認めてもらうことによって売上を伸ばそうと努力する若手の営業担当者が育っている。

　四半期での平準化生産はほぼ軌道にのり、大きな成果をあげた。在庫を保有していることによって、生産額は通常の20％減産で始められた。2013年度の売上高は55億円であるが、生産額は45億円である。この減産は2013年度と2014年度の2期間続く。そして、過大な在庫を一掃した後の2015年度以降に売上高と生産額がほぼ同じ正常な状態に戻った。現在では月次平準化生産に着手しており、年間を通じて月次の能力と負荷を一定にする取組みの成果があがりつつある。

　製造業では、減産すれば製造コストが上がり、利益を圧迫する。カーツ社の場合は平準化生産による不稼働損や超過稼働損の解消によってコストを下げて利益を創出する計画であり、実際に年間で「平準化生産による不稼働損の解消1億円」「超過稼働損の解消0.3億円」「リストラによる保有能力減0.8億円」

第1章　カーツ社の復活とさらなる挑戦　45

の合計2.1億円のコスト改善を達成することができた。このむずかしい取組みを実行することができたのは、広島銀行をはじめとする銀行の資金繰り支援のおかげである。

2013年度・2014年度・2015年度の3期間における売上高の合計は163億円（55億円・55億円・53億円）であるが、この期間の生産額の合計は144億円（46億円・47億円・51億円）である。これは過大在庫を優先的に受注に引き当てて販売したからである。これによって、2012年度からの3期間で在庫は17億円（26億円−9億円）減少している。在庫をキャッシュ化し、広島銀行をはじめとした支援金融機関からの借入れの返済に充てることができたのである。

(1) 販売の平準化の実現

利益改善に貢献したのは、ものづくりの改善・改革だけではない。

カーツ社の50億円の売上のうち85％の43億円は海外での売上である。そのほとんどを自社の営業担当者が直接海外の代理店と交渉し、販売している。売上高を追わず（50億円を維持する）、安売りはしないことを営業の方針として販売活動を行った結果、販売活動においても大きな改善が図られることになった。

図表1−10は2013年度から直近の2017年度までの6期間の四半期ごとの販売額である。生産だけではなく、販売も平準化しているのである。営業部門が貢献した販売の平準化は以下の2

図表1-10 四半期販売額でみた平準化

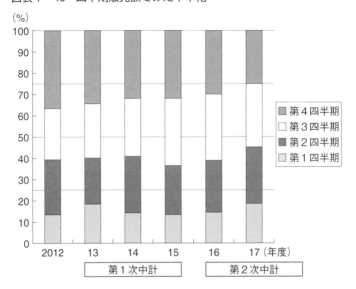

つである。

① 刈払機から芝刈機への製品のシフト……2013～2015年度の第1次中計期間で各国の為替を検討しながら10～30％の値上げを行った結果、主力の刈払機の販売台数は5年間で40％下落した。そこで、営業部門は価格競争力の落ちた刈払機のかわりに、代理店に対して芝刈機を提案することにした。芝刈機の市場は日本ではゴルフ場や公園などに限られるが、欧州では刈払機よりも大きな市場である。芝刈機は従来からあるカーツ社の主力製品の1つであり、刈払機ほど季節変動がない。刈払機から芝刈機へのシフトにより受注・出荷の期間が広がり、販売額が平準化されるようになってきた。

② 南米など新興市場の開拓……当初は売上高の拡大を目指しての活動であったが、南半球でのビジネスが増えたことによって、従来の北半球のビジネスとは逆の需要サイクルが生じた。

これらは最初から平準化販売を目指したわけではないが、売上高を追わず安売りはしない営業方針のもと、営業部門が売上と利益の確保のために工夫、努力を続けた結果である。もし売上高の伸長を目指していたら、営業担当者は値引きをしてでも既存の代理店に対して多くを売る努力をしただろう。その結果、従来以上に季節変動が大きくなっていただろう。

(2) 累計コストダウンで業績は改善する

ここでカーツ社の事例をもとに、製造業においてなぜ継続的改善が重要なのかを考えてみたい。図表1-11に示すように、平準化生産による不稼働損の解消は初年度から一気に実現するわけではない。2013年度以降、毎期少しずつ効果を刈り取っていった結果、その累計で大きなコストダウン効果が実現するのである。

カーツ社の場合、継続的改善による利益は大きく6つの項目に分けられる。

① 平準化生産による不稼働損の解消……2013年度に行った0.4億円の平準化の効果はその後、毎期続く。2014年度はさらに平準化が進み、2013年度と比較して0.2億円の平準化効果を刈り取ることができた。第1次中計前年の2012年度と比

図表1－11　コストダウン効果を累計で考える

（単位：億円）

改善取組み	2013年6月期	2014年6月期	2015年6月期	2016年6月期	2017年6月期	合計	6期累計
①平準化生産による不稼働損の解消	0.4	0.4	0.4	0.4	0.4	2.0	3.9
		0.2	0.2	0.2	0.2	0.8	
			0.3	0.3	0.3	0.9	
				0.1	0.1	0.2	
②平準化生産による超過稼働損の解消	0.3	0.3	0.3	0.3	0.3	1.5	1.5
③能力削減（リストラ）による労務費の削減		0.8	0.8	0.8	0.8	3.2	3.2
④購買・外注品のコストダウン	0.4	0.4	0.4	0.4	0.4	2.0	5.6
		0.6	0.6	0.6	0.6	2.4	
			0.4	0.4	0.4	1.2	
⑤生産現場の改善	0.2	0.2	0.2	0.2	0.2	1.0	2.4
		0.2	0.2	0.2	0.2	0.8	
			0.2	0.2	0.2	0.6	
⑥為替が円安に移行したことによる利益アップ		0.3	0.3	0.3	0.3	1.2	2.4
			0.2	0.2	0.2	0.6	
				0.3	0.3	0.6	
合計	1.3	3.4	4.5	4.9	4.9	19.0	19.0

①②③の6期累計：8.6

較すれば0.6億円（0.4億円＋0.2億円）である。このようにし

て、ほぼ平準化生産が完成した2017年度においては第1次中

計前年の2012年度と比較して合計で1億円（0.4億円＋0.2億
円＋0.3億円＋0.1億円）の利益の刈取りが実現したのである。

継続的改善の成果はきわめて大きく、2013〜2017年度の5
期間における累計でのコストダウン効果は3.9億円にのぼる。

② 平準化生産による超過稼働損の解消……同様に、2013〜
2017年度の5期間における累計でのコストダウン効果は1.5
億円である。

③ 能力削減（リストラ）による労務費の削減……同様に、
2013〜2017年度の5期間における累計でのコストダウン効果
は3.2億円である。リストラによる労務費の削減は、できる
限りやりたくないものである。しかし、一人ひとりの作業に
余裕（つまり無駄）が生じている状態を傍観して、高い能率
水準を維持することをあきらめれば、それが社風になってし
まい、再び競争力のある職場をつくることは困難を極める。
財務的に多少の余裕のある会社でも、必要なら早めの決断を
して退職者に対して好条件を提示し、再就職支援をするのも
経営者の仕事ではないか。

④ 購買・外注品のコストダウン……同様に、2013〜2017年度
の5期間における累計でのコストダウン効果は5.6億円であ
る。

⑤ 生産現場の改善……同様に、2013〜2017年度の5期間にお
ける累計でのコストダウン効果は2.4億円である。

⑥ 為替が円安に移行したことによる利益アップ……同様に、
2013〜2017年度の5期間における累計での利益貢献額は2.4

50 第Ⅰ部 経営改善事例で考える共通価値創造

億円である。

　カーツ社が取り組んできた改善効果の合計は2013～2017年度の５期間における累計で19億円になる。また、①平準化生産による不稼働損の解消、②平準化生産による超過稼働損の解消、③能力削減（リストラ）による労務費の削減の３つの施策は一連のものである。そして、この平準化生産の効果としての３つの改善効果の合計は５期間で8.6億円になる。改善の取組みで得た19億円が銀行借入れを減らし、財務体質を改善するだけではなく、毎期高い営業利益をあげる企業への変身を可能にしたのである。第１次中計前年の2012年度と５年後の2017年度では売上高は50億円で変わっていないが、2017年６月期の合計欄に示すとおり、4.9億円低コストの会社に変わっているのである。

(3)　目覚ましい業績改善の達成

　カーツ社は在庫の評価損などにより一時的に債務超過に陥ったが、勝矢社長のリーダーシップのもとで広島銀行ほかの資金支援を受けて行われた改善活動は目覚ましい成果をあげた。図表１−12は利益額の推移である。売上額が増えていないので利益率でもほぼ同じ傾向である。

　第１次中期計画初年度から業績は上向き、直近の2017年度まで連続して業績は向上している。３年目で債務超過から脱却し、いまでは純資産３億円を超える会社になった。2018年７月から始まる第３次中期計画終了時には純資産は８億円を超える勢いである。

第１章　カーツ社の復活とさらなる挑戦　51

図表1−12 利益改善

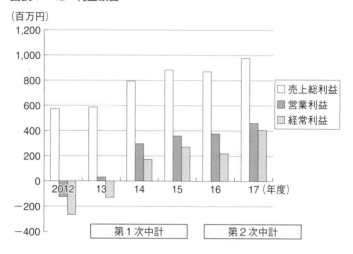

　売上高の伸長を目指さない経営計画によって利益率も同様に高まっており、2017年度には営業利益率8.5％、経常利益率7.5％を達成した。現在計画中の工場投資・設備投資や開発投資を考慮しても、営業利益率・経常利益率は5〜8％の間で推移する見込みである。

　さらに特筆すべき成果がある。それは2017年度においては、月次黒字化という当初は想定もしていなかった成果をあげたことである。その結果、上期で2億円の経常利益（経常利益率8％）を計上するまでに業績は急回復した。

　従来、農業用作業機という市場では、閑散期には大きな赤字を計上し、繁忙期には黒字になるのが当たり前になっていた。平準化生産により損益の月次黒字化を達成しただけではなく、

製品を刈払機から芝刈機にシフトし、南半球に販路を拡大した
ことにより、販売の平準化が進み、従来よりも少ない在庫で平
準化生産が可能になり、キャッシュフローも大きく改善したの
である。

　第1次中計では、ふくらんだ手元在庫を削減しながら借入金
を返済した。在庫は初年度の27億円から、現在は製商品と仕掛
在庫で10億円とほぼ適正な水準に戻り、過大な在庫のために借
り入れた18億円は3年間で完済した。過大な在庫をさばきなが
らの生産を続けたため、売上に対して生産額は85％程度であ
り、この少ない生産での平準化生産への取組みや、保有能力を
削減するリストラの実施、調達部品のコストダウン活動や現場
改善がカーツ社を無駄の少ない筋肉質な製造業へと変えた。

　続く第2次中計（2016年度から3年間）では、在庫消化後よ
うやく売上に見合う生産額になり、第1次中計に比べて生産高
は20％増加した。しかし、人員を増やすことなく、さらなる平
準化生産を進めて、同じ時期に売上高が徐々に平準化したこと
により、月次の利益とキャッシュフローが改善した。2017年5
月から新工場の建設に着工し、10月に竣工した。また、ギヤの
性能を向上させ、生産量の増大に対応する機械設備への投資も
決定した。

　カーツ社は第1次中計、第2次中計の6年間で製品の性能を
高めるための新製品開発を止めることはなく、開発投資を続け
てきた。ようやくその成果が現実のものとなり、2018年7月か
ら始まる第3次中計では新工場で製造する新製品が売上と利益

第1章　カーツ社の復活とさらなる挑戦　53

に大きく寄与する予定である。

　厳しい経営環境下にあって、製造業のイノベーションの根幹である開発投資を継続できたのは、広島銀行との間で "Made in Japan" で勝ち残るという共通価値が共有されてきた結果である。

第2章 広島銀行における取引先支援の取組み

地方銀行が取引先企業の事業性評価を適切に行い、経営改善や融資を通じて支援することは当たり前になっている。広島銀行は地域金融機関として早くから取引先の中期経営計画（中計）策定支援の取組みを模索し、人材投入と投資を繰り返してきた。私は広島銀行の「製造業支援プロジェクト」から始まる製造業の業績改善支援の取組みに初期の段階から参画させていただいた。本章では広島銀行の製造業支援の取組みについて紹介する。

1 「4象限マトリックス」で取組みを加速する

(1) 地域金融機関としての広島銀行の使命

　広島銀行は2017年3月末時点で、国内本営業店151店、出張所16、海外駐在員事務所3を有する地方銀行である。預金業務、貸出業務、有価証券売買業務、投資業務、為替業務などを行っており、資本金545億7,300万円、預金6兆9,924億円、貸出金5兆6,051億円の業容となっている。

　広島県は全国と比べて一般機械、電気機械、自動車など輸送用機械のウェイトが高く、製造業の県内総生産額（付加価値）に占める割合は全国平均の20.6%に対して26.4%にのぼる。具体的には、マツダ株式会社を中心とする自動車・自動車部品クラスター、瀬戸内海に点在する造船業クラスター、広島県の東部から岡山に広がるユニフォームやデニムなどの繊維産業クラスターなどがある。

　この製造業を支え、地域の経済を支えるのは、金融機関の大きな使命であり、かつ自行の成長にとって欠かせない取組みである。地域金融機関としての広島銀行の使命は地域の産業育成であり、製造業の活性化なくしては地域の活性化はない。広島銀行は地域ナンバーワンの金融機関として、その先頭に立っている。

高度成長期には旺盛な資金需要に対して、貸し手である銀行は貸出審査を行い、借り手である企業に必要な資金を供給してきた。しかし、バブル崩壊後は国内の低成長だけではなく、大手メーカーの海外進出や中国をはじめとしたアジア諸国の製造業との競争などで事業環境が一変し、業種によっては事業縮小や廃業等の後ろ向きの資金が必要になってきた。取引先企業の事業存続や新たな成長を金融面から支援するためには、事業そのものの把握を通じたリスクのコントロールがより重要になってきた。

　これに対応して、金融庁は金融機関に対して、「財務データや担保・保証に必要以上に依存することなく、借り手企業の事業内容や成長可能性などを適切に評価し（「事業性評価」）、融資や助言を行い、企業や産業の成長を支援していく」ことを求めている。

　広島銀行では、地場産業の育成を目的として、取引先企業の中期経営計画策定支援（中計策定支援）を通じて取引先企業の事業をより深く理解し、その業績改善を支援する取組みを継続している。取引先に対して不動産担保を求めるだけではなく、従来の貸出審査のあり方を超えて、経営そのものについて情報を共有し、中計策定支援を通じて経営改善を支援する取組みである。

⑵　「製造業支援プロジェクト」始まる

　広島銀行と私の関係が始まったのは、2006年頃である。当

時、法人営業部の管理職の方から連絡があった。私が2003年に出版した『勝つ現場力』（JIPMソリューション）を読んで、本に書いてある考え方や取組み手法に興味をもったとのことである。この本に書いてある考え方や手法を取引先の経営改善に適用できないかという相談であった。

　これが契機となり、広島銀行の紹介による製造業の経営改善支援先は徐々に増えていった。現在までに20社を超える企業とコンサルティング契約を結び、経営改善を支援させていただいている。カーツ社もそのなかの1社である。コンサルティング契約ではなく、広島銀行が経営改善を支援している指導先への同行訪問は50社を超える。

　当時、法人営業部は外部の専門家と連携して新たな取引先支援ができないかと模索していた。私への相談事は取引先の製造業に対する支援サービスの開発であった。法人営業部は外部の専門家と連携して行う支援サービスについて討議する場として「製造業支援プロジェクト」を立ち上げ、私は月1、2回の頻度で行われる討議に参加することになった。

　私は銀行の業務や役割についてはまったく知らないし、関心もなかった。ただ、個別の製造業の課題やその解決策について、若手行員を含む10〜15名のメンバーと討議するのは実に楽しい時間であった。メンバーにとっては、私が話す事例や方法論は、まったく異分野の話に聞こえたと思う。

　いまでは、地方銀行が取引先企業の事業性評価を適切に行うために、目利き能力を向上させる取組みは当たり前になってい

第2章　広島銀行における取引先支援の取組み　59

るが、当時はまだ事業性評価という言葉もなければ、銀行が行う製造業支援の概念さえも確立していなかった。双方が話している用語さえ理解できないなかで、この活動は数年続いた。そして、私には広島銀行が実施しようとしている具体的な取組みの全容が徐々にみえてきた。

(3) 4象限マトリックスで中計策定支援

個別案件で広島銀行に足しげく出入りするようになった頃、法人営業部の室長（当時）から取引先の中計策定支援に取り組み始めたとの話があり、その全体像として図表2-1に示す4象限マトリックスの枠組みを説明してもらった。この枠組みは

図表2-1　中計策定支援の4象限マトリックス

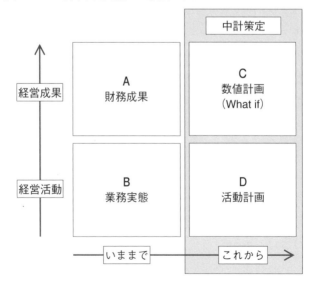

きわめてわかりやすく、感銘を受けたことを覚えている。その後、長く中計策定支援とかかわることになるが、私自身この枠組みを自分の頭の整理のために使っている。

4象限マトリックスは白い紙の上下左右に各1本の線を引き、取引先企業の経営改善支援の4つの局面を定義したものである。水平線の上は経営の結果、下はその結果をもたらす施策やプロセスを示す。垂直線の左はいままで、右はこれからという時間軸を示す。「結果とプロセス」というとらえ方はBSC（バランスト・スコアカード）による戦略マップを想起させ、「いままでとこれから」は改善の方向を示しており、理解しやすい。

A象限は、いままでの経営成果である。具体的には、過去の財務3表、すなわち損益計算書（P／L）、貸借対照表（B／S）、キャッシュフロー計算書（C／F）で示される業績である。

B象限は、製品やサービスと顧客の関係、製品やサービスを生み出す工場や生産設備、従業員のほかに、経営管理制度や業務プロセス、情報システムといった仕組に当たるものなど、現在の経営資源がどのようになっているのかを示す。

実は銀行など外部からみて、このB（いままでの経営活動）がいちばんみえにくいところである。ここがみえないから、融資にあたっては土地や建物などの物理的な担保に頼らざるをえない。経営者をみて融資するとか、経営計画書に融資するというのは、聞こえはいいが、預金者のお金を預かっている銀行としてはそのようなあいまいなものに頼った融資はできないはず

第2章　広島銀行における取引先支援の取組み　61

である。経営本には以前は"バンカー"は経営者や事業をみて融資してきたと書いてあるが、それは成功した事例を取り上げているだけであり、実際にはその何倍もの失敗した事例があることは容易に想像がつく。

広島銀行の中計策定支援の特徴はこのみえない経営制度や業務プロセス、情報システムなどを可視化する手法を開発して、それを実践のなかで本当に使えるツールとして磨き上げてきたことである。本章では、その内容について詳しく述べる。

Ｃ象限では、これまでの経営活動とこれまでの経営成果を前提にして、これからの経営活動（Ｄ）によって、企業の財務状況が今後どうなっていくのかを示す。具体的には、①市場や競争環境の変化によって自社の製品やサービスがどのように変化するか、②社内においては従業員の数や設備投資などがどのように変わっていくか、③結果として売上や原価と利益がどのようになるかを検討し、④最終的に財務３表で示される数値計画とそれを実現する実行計画を中計としてまとめる。カーツ社の例でいえば、不稼働損と超過稼働損の解消を目指した平準化生産という実行計画がＤであり、それによってもたらされる1.3億円の刈取りを中計の財務３表に織り込むことがＣになる。

Ｄ象限は、Ｃ（これからの経営成果）の数値計画を実現するための実行計画を示す。実行計画はＡ（いままでの経営成果）およびＢ（いままでの経営活動）をベースにした、今後の改善による成果の獲得活動として具体化される。

法人営業部が、なぜ製造業の課題やその解決法について討議

を繰り返しているのか、私はようやく全体像を理解できた気がし、以降、法人営業部と同じ方向を向いて討議し、考えるようになった。私は、４象限マトリックスを広島銀行の製造業支援の基盤になる考え方であると理解している。以下、この４象限マトリックスに従って法人営業部の取組みについて私の理解と解釈を述べていく。

第2章　広島銀行における取引先支援の取組み　63

2 インタビューによる課題共有

(1) ヒアリングシートによる実態把握

広島銀行における中計策定支援はB（いままでの経営活動）について、質問票に基づくインタビューを行うことから始まった。

図表2−2は、インタビューによる課題共有の構造を示している。

図表2−2 フェーズ1：インタビューによる課題共有

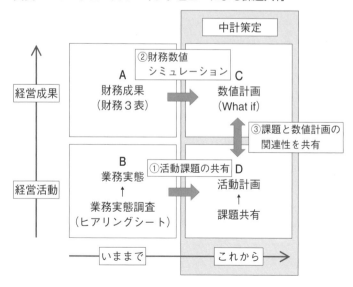

① 活動課題の共有……B（いままでの経営活動）について、ヒアリングシートに基づいて実態把握を行い、ここで得られた情報をもとにD（これからの経営活動）についての課題を共有する。

② 財務数値シミュレーション……A（いままでの経営成果）に対して、たとえば、もし売上が5％下がればどうなるか（What if）という仮説を設定して財務数値をシミュレートし、C（これからの経営成果）の中計として具体化する。

③ 取引先企業との間で上記の数値計画（C）と活動計画（D）の関連を討議し、中計を共有する

つまり、新たな情報はインタビューによる定性的な情報であり、この情報をもとにして取引先と討議の場を設け、中期経営計画策定に必要な数値計画と活動計画を共有しようとするものである。

広島銀行では以上の取組みを実効的なものとするために、ヒアリングシートと名づけたツールを開発し、活用している。1つは法人営業部が実施する知的資産分析である。共通の質問表を用いて経営者に質問し、その結果を分析して報告する。さらに、営業店向けの質問項目を用意して、営業店の担当者が日常的に取引先とのコミュニケーションを深めるよう促している。

⑵ インタビューによる実態把握のむずかしさ

取引先の実態を把握するために、以上のようなインタビューが有効であることは明白だが、効果的なインタビューのために

は、適切な質問者（インタビュアー）とインタビュー対象者が
そろっており、そのうえで質問項目が整備されていることが重
要である。

　インタビュー対象者として社長は最も重要だが、営業・製
造・開発などの機能分野の責任者へのインタビューも重要であ
る。前提条件は、銀行と取引先の間で普段から良好なコミュニ
ケーションが醸成されているということである。

　適切な質問者については、銀行のなかで十分に訓練する必要
があるが、これはなかなか一筋縄ではいかない。

　まずインタビューに先立って、財務的な業績を時系列で把握
するとともに、製造業であれば、製品、製造設備、設備投資実
績などを把握しておくことは当然である。ホームページで商
品・サービス、設備、製造プロセスなどに関する最新の情報の
多くは入手できる。いまでは事前情報の入手は容易であり、経
営者のアナウンスや会社がニュースとして開示している最新情
報を確認せずにインタビューするようでは、取引先から質問者
の真剣度合いを疑われる。

　質問者のスキルも重要である。質問表を棒読みするだけの質
問者であれば、活発な応対にはならず、十分な情報を引き出す
ことはできない。質問者が取引先企業のビジネスだけではな
く、業界の状況や最新情報に通じていれば、インタビューを通
じてより有効な情報を引き出すことができる。逆に、稚拙な質
問者であれば、経営者の回答もおざなりなものになってしま
う。

66　第Ⅰ部　経営改善事例で考える共通価値創造

つまり、インタビューによる情報収集と分析は、どこの銀行でも、だれでもできると考えるのは大きな間違いである。インタビューの技術は、コンサルティングにおいても習得すべき最も基本的な技術であり、甘くみてはいけない。ビジネスに対する理解と場数を踏んで力をつけた営業担当者のみがこれを行うことができる。

　したがって、インタビューを行う営業担当者に対する普段の教育を怠ってはいけない。たとえば、営業店では日常業務としての取引先訪問において、毎回1つの質問をしてそれを積み重ねるといった取組みが考えられる。それによって、営業担当者も取引先の実態把握の意識をもって営業活動ができる。また、その営業担当者が転勤した場合には、異動先の営業店で同様の活動を繰り返すことによって取組みが着実に伝播し、全体が底上げされることになるだろう。そのような息の長い取組みである。

3 業務機能調査表による実態把握

(1) 業務機能調査表の開発に取り組む

　インタビューによる業務の実態把握は、病院でいえば問診である。問診である限りは、問診する人（医者）に病気に対する幅広い深い知識と経験が必要であることは容易に推測できるだろう。患者の受け答えの表情から病気を推測することもあるだろう。一方、質問に答える側の患者も自分自身の症状を正しく伝えることができれば、医者は患者の実態を正しく把握することができる。

　製造業では販売業に比べて、はるかに多くの異なる業務機能が存在する。研究開発、商品開発、生産計画、製造、在庫、出荷、調達、回収などのいわゆる基幹業務だけではなく、販売管理や会計、人事、組織、品質管理、安全管理など企業活動に必要なありとあらゆる機能が存在する。それらが実際にどのように機能しているかは、インタビューだけではよくわからない。

　事業性評価のツールとして知的資産分析に基づく取引先支援があるが、実際にはその効果は限定的と思われる。それは次に説明するとおり、インタビューによる実態把握と本格的な事業性評価の間には大きな隔たりがあるからだ。ヒアリングシートによる知的資産分析は、取引先とのコミュニケーション・ツー

68　第Ⅰ部　経営改善事例で考える共通価値創造

ルにすぎないと考えたほうがよい。

広島銀行では、経営者と話しているだけではわからない、これらの業務の実態を知ろうと考えた。当時の法人営業部の室長は、「日常の業務がしっかりしている会社は、問題の発見も早いはずである。さらに、その問題を解決する機能が整備されているとすれば、銀行にとってリスクは軽減されるはずである。取引先企業の業務レベルに応じて貸出審査のあり方も変わるのではないか」と考えたのだ。

つまり、製造業でいえば、良い人が良い仕事をして良い商品をつくる、継続的改善のサイクルがどのようになっているかという業務の実態を把握しようとしたのである。広島銀行から私に対しては、当初、それを実現するために必要な質問表をつくりたいという話があった。そこで、私も協力して、営業担当者が質問しやすい言い回し（単語）を選び、修正するなどの取組みを経て、製造業が一般的に保有している機能について体系的に整理した「業務機能調査表」を作成した。

しかし、そもそもこのような根気のいる作業を銀行がやる必要があるのだろうか。たとえば、業務機能調査表の質問には、製品の生産計画を部品レベルに展開する「材料所要量計画（MRP）」というのがある。製造業の従事者にとっては当たり前の言葉であるが、そもそもなぜその材料が必要であるかを理解しないとわからないしろものである。私には、とんでもないことに挑戦しているとしか思えなかった。

製造業における業務機能は約400抽出された。そこで、法人

第2章　広島銀行における取引先支援の取組み　69

営業部は実際に取引先を訪問して、この「業務機能調査表」を使って営業担当者が直接、取引先企業の担当者にインタビューすることによって業務の実態把握を試みた。しかし、実施してみると、いくつかの課題が明確になった。

① 日程調整が進まない

　まず、入り口で実態調査をする営業担当者と取引先企業の担当者の双方が訪問の日程と時間を調整しなければならない。忙しい生産関係のリーダーに、時間を割いてもらうことは容易ではない。

② インタビューに時間がかかり過ぎる

　実際にインタビュー形式で実施すると、予想以上の時間がかかることがわかった。すなわち、「業務機能調査表」に記述してある400の業務機能の一つひとつについて質問し、回答内容を記述する作業には膨大な時間がかかることがわかった。

③ 実態把握の記述はむずかしい

　さらに、時間がかかるだけではなく、営業担当者の生産業務に関する理解度は低く、相手が答えている内容を正確には理解できない。だから、業務の現状を正確に記述することができないことがわかった。

④ 報告書を修正する手間がかかる

　相手の業務をよく理解できていない営業担当者が400の質問の回答をまとめて報告書を作成しても、ほとんどの場合、相手方から「そういう意味ではありません。実態はこうです」という具合に修正が入る。これを繰り返せば、取引先の

担当者に無駄な時間を割いていただくことになるだけではなく、実際にはいつ終わるかわからない状態になった。

こうしたことから、業務機能調査表によるインタビューの取組みは短期間で終わり、営業担当者のコミュニケーション能力に頼らず合理的に業務実態を把握し、その調査の結果から経営者と経営管理活動に関してコミュニケートできる手法を開発しなければならないという課題だけが残った。

(2) 「業務機能調査表」による自己チェックの仕組みの開発

広島銀行は、ここであきらめることなく、次に取引先企業の担当者による自己チェックであれば、効率的かつ効果的に取引先の業務実態を把握できるのではないかと考えた。そこで、自己チェックによる業務の可視化を目的にした新たな「業務機能調査表」を開発することにした。法人営業部が開発した業務機能調査表のレイアウトは、図表2－3のとおりである。

業務機能はレベル1、2、3の3段階で構成され、業務が行われる順番に記述されている。レベル1の入出庫管理は、レベル3では出庫指示をし、出庫指示書を回付し、出庫作業を行い出庫登録で業務が完成するという具合である。業務の有無の欄では、自社にその業務が存在するか否かで○または×を選択する。課題の欄は、時間軸の問題と管理項目の問題に分けている。タイミングの列では、必要な時にその業務を行うには支障がある場合は×をつける。そのほかの項目、たとえば業務の成

図表2-3 業務機能調査表のレイアウト（一部）

項目番号			業務機能レベル			業務機能説明	業務の有無	時間軸の問題		管理項目の問題		業務達成度	担当部署
			レベル1	レベル2	レベル3			タイミング	期間単位	項目不足	粒度不足	正確 5 4 3 2 不正確	
1	1	1	入出庫管理	部材倉出	出庫指示作成	製造指図データに基づき、倉庫から工程への出庫指示データを作成し、製造指示書ごとの出庫指示書を出力する。		×					業務課
1	1	2			出庫指示書回付	出庫指示書に製造管理票を添付して回付する。							業務課
1	1	3			出庫作業	出庫指示書に基づき、倉庫より原材料を出庫する。							業務課
1	1	4			出庫登録	出庫登録し、在庫を引き落とす。	○					3	業務課
1	2	1		製品倉入	倉入作業	生産された製品を倉庫に入庫する。	○	×				3	生産課
1	2	2			倉入登録	倉入数量を登録し、在庫として計上する。	○	×				3	生産課
1	2	3			倉入実績出力	倉入した実績を出力する。	○					3	生産課
1	3	1		部材倉出戻入	倉出戻入作業	生産に使用した残原材料を倉庫に入庫する。	○	×			×	0	生産課
1	3	2			倉出戻入登録	製造管理票記述の原材料の残量をもとに、倉出戻入の数量を入力する。	×	×				0	生産課
1	4	1		倉庫要求手配依頼	倉庫要求手配依頼（手入力）作成	システム以外で倉庫要求（在庫調整または在庫移動）の手配依頼を作成する。	×					0	業務課
1	4	2			上長承認	倉庫要求に対し承認（確認）を取得し、倉庫要求を確定する。	×					0	業務課

熟度や情報システム使用状況などについても該当欄への記載が選択式になっており、記入者が記号や数字を入力する必要はない。入力が必要な項目は、その業務を行っている担当部署名の項目だけである。

　営業担当者が取引先に「業務機能調査表」をエクセルで提供し、その記述方法を説明する。取引先企業の担当者が自社の業務の実態をエクセルに記述して返送していただく仕組みである。

　この取引先の自己チェックによる業務機能調査表の開発によって、従来のインタビューによる実態把握の課題は次のとおり解消された。

① 「日程調整が進まない」課題の解消

　　日程調整が必要なのは、この業務機能調査表の説明の時間をいただくことだけになった。関係部署のメンバーが集まる経営会議などの場で、1時間程度いただくことによって説明することができる。

② 「インタビューに時間がかかり過ぎる」課題の解消

　　インタビューは不要であり、取引先の受注管理、生産管理、在庫管理、購買管理などの担当者がそれぞれ自分にとって最も都合の良い時間に記述する。「業務機能調査表」に記入するのは、その業務に最も精通している取引先企業の担当者であり、実際に取り組んでみると「業務機能調査表」への記入時間は短くてすむことがわかった。

第2章　広島銀行における取引先支援の取組み　73

③ 「実態把握の記述はむずかしい」課題の解消

　営業担当者の理解度とは関係なく、取引先の担当者が記入する。その結果、営業担当者が記述する必要はなくなったのである。

④ 「報告書を修正する手間がかかる」課題の解消

　業務機能調査表で収集されたデータは取引先の担当者自身が記入したものであり、再度同じ担当者に確認する必要はない。

　新たな業務機能調査表のポイントは、最も業務に精通している取引先企業の担当者自身が、現状業務の把握とその可視化作業を実施するということである。これで効率的かつ効果的に取引先企業の業務の実態を把握し、可視化することが可能になり、実際に実務で使えるようになった。営業担当者はこの収集されたデータを分析して、報告書を作成することに専念できる。１人で多くの取引先企業を受け持っている営業担当者は、これによって取引先の業務実態把握に格段に取り組みやすくなった。

(3)　変革点仮説の提案

　広島銀行はその後、多くの取引先企業の現状業務の把握と可視化作業を行い、取引先企業との間で業務課題を共有し、中期経営計画策定や業務プロセス改革の支援につなげている。

　広島地区は、マツダ株式会社に部品を納入する自動車部品製造業の集積地である。広島銀行は、自動車部品製造業の多くの取引先企業と一体となって、現状業務の把握と可視化に取り組

図表2−4 業務機能調査表を使った変革点仮説（一部）

業務機能レベル		業務の有無	時間軸の問題				情報システム使用状況
レベル1	レベル2	充足度	タイミング	サイクル	期間単位	項目不足	システム化
標準/予定原価設定	原価基準設定	60%	80%	80%	100%	100	60%
	費目別原価設定	100%	100%	100%	100%	100	100%
	製番別原価設定	0%	100%	100%	100%	10	0%
	標準・予定原価登録	100%	0%	0%	100%		100%
	標準・予定原価承認	100%	0%	0%	100%		0%
実際原価	実績データ収集	100%	100%	100%	100%		100%
	実際原価計算	78%	100%	100%	100%		78%
	出荷後原価の把握	0%	100%	100%	100%		0%
	製番のクローズ	0%	100%	100%	100		100%
	実際原価の集計	100%	100%	100%	100		0%
	製番別原価差異分析	0%	100%	100%	100		100%
原価分析	原価差異分析	100%	100%	100%	100%		100%
	コスト分析	50%	50%	100%	100%		50%

推察される問題点（仮説）

・標準（予定）原価の精度が低く、原価のシミュレーションができない可能性がある。
・原価実績値と予測値との差異原因の分析が十分になされておらず、原価の差異原因の改善に向けたアクションにつながっていない可能性がある

業務プロセス改革の方向性（目指す姿）

・業務プロセスを定期的に更新し、改善活動に活用できる原価計算制度を再構築する
・改善計画作成に資する原価情報がタイムリーに把握できる
・原価の高いシミュレーション、製品の見積りが迅速にできる基盤情報の整備ができている

業務プロセス改革の方向性（原価管理規定の改変）

・原価計算制度の再設計（原価計算規定の改変）
・標準（予定）原価作成業務、実績原価との差異分析、決算のための実際原価作成プロセスの検討
・標準（予定）原価計算・実績原価計算・差異分析が可能なシステムの新規構築
・標準（予定）原価に必要な情報を入力できる仕組みの構築
・原価の維持管理。差異分析を行う組織の新規構築
・原価管理可能となる、精度の高いマスタ情報の維持管理

実行案	戦略・方針	・原価計算制度の再設計（原価計算規定の改変）
	業務プロセス	・標準（予定）原価作成プロセス、実績原価作成、実績原価との差異分析、決算のための実際原価作成システムの検討
	IT	・標準（予定）原価計算・実績原価計算・差異分析が可能なシステムの新規構築
		・原価計算に必要な情報を入力できる仕組みの構築
	組織・役割	・標準（予定）原価管理の維持管理。差異分析を行う組織の新規構築
	運用ルール	・原価管理可能となる、精度の高いマスタ情報の維持管理

み、中期経営計画策定や業務プロセス改革を支援することで、取引先企業と従来以上に緊密な関係を構築している。

　図表2−4は、自動車部品メーカーに対して行った業務機能調査表に基づく調査をもとにして、各機能分野の実態を数値で表し、さらに課題を抽出して「変革点仮説」として改善の取組みを提案したものである。

　図表2−4の上段は、「業務機能調査表」による自己チェックの結果を示す。「業務機能調査表」の結果はほぼ半自動的に数値として集計される。業務の有無に関しては、レベル2の業務機能13機能のうち9つの機能で充足していない。標準／予定原価登録については、タイミングにも業務のサイクルにも課題があると回答されている。その他の項目についても同様の分析を行った結果、現在のままでは製造業の損益管理において重要な原価管理の仕組みが未完成で、かつ運用にも課題があることがわかる。

　図表2−4の下段は、上記の仮説に基づいて、取引先に提示する改善点について記述している。具体的には、その業務プロセスを改善するためには、情報システムを改修するだけでは不十分であり、「戦略・方針」「業務プロセス」「IT」「組織・役割」「運用ルール」にわたって改善の方向性を検討する必要があることが示されている。

　このように、「業務機能調査表」を使って業務の可視化を効率的かつ効果的に行い、その分析結果から課題を共有するだけではなく、変革点仮説として改善・改革の方向性と具体的な実

76　第Ⅰ部　経営改善事例で考える共通価値創造

行策の提示を行う。このような取組みを積み重ねることによって、営業担当者は取引先企業の業務機能や業務プロセスに対する理解が深まる。そして、法人営業部では定期的に行内で営業担当者の実際の取組みを共有化している。それは実務を通じた人材育成にもなっている。

(4) 業務機能調査表による事業性評価

変革点仮説によって、業務機能調査表による取引先の実態把握がより具体的な提案型の事業性評価につながった。図表2-5にその概要を示す。

図表2-5 業務機能調査表による事業性評価の取組み

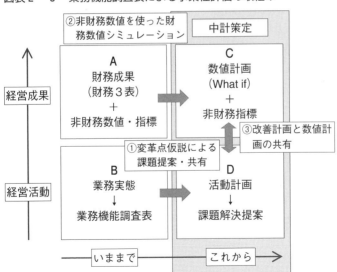

① 変革点仮説による課題提案・共有

　　B（いままでの経営活動）を業務機能調査表による自己チェックで把握し、ここで得られた情報をもとにD（これからの経営活動）についての課題を共有する。この時に銀行は変革点仮説を提示して、課題発見を支援する。

② 非財務数値を使った財務数値シミュレーション

　　A（いままでの経営成果）とD（これからの経営活動）に基づき、業務機能調査表で得られた非財務数値を使って財務数値シミュレーションを行う。たとえば、過大な在庫を削減すればキャッシュフローが改善する。在庫が過大であるという認識については、①で変革点仮説として提案した内容が反映される。また、変革点仮説を切り口にして取引先と議論し、取引先から改善課題とその成果の見込みを引き出すこともある。そのうえで"What if"という仮説を設定して財務数値のシミュレーションを行い、C（これからの経営成果）の中期経営計画として設定する。

③ 改善計画と数値計画の共有

　　銀行と取引先企業の間で、上記の数値計画（C）と活動計画（D）の関連を討議して中計を共有する。

　つまり、インタビューに追加される新たな情報は業務機能調査表による業務プロセスに関する情報である。この情報を共有し、各業務プロセスに潜む課題について討議の場を設け、取引先企業との間で中計に必要な数値計画と活動計画を共有しようとするものである。

78　第Ⅰ部　経営改善事例で考える共通価値創造

(5) 取組みには継続的改善が必要

　広島銀行では、この業務機能調査表により、業務プロセスまで踏み込んだ中計策定支援を実施する取引先企業を増やすことが可能になった。さらに、業務機能調査表を通じて企業実態を把握するスキルを磨いている。生産管理の分野の質問項目は約400であるが、広島銀行では同様に人事・組織、リスクマネジメント、営業活動など他の機能分野の業務機能調査表を開発し実際に取引先企業との間で活用している。

　他の地方銀行も広島銀行の取組みに高い関心をもっているようだが、他行が実際に同じような取組みを行うためには、いくつかのハードルがあると思われる。

① 　そもそも、このような取引先企業の業務実態把握の必要性を認識し、それに積極的に取り組むための人員や予算の配分を意思決定できるか。

② 　広島銀行では、生産機能だけで400問を超える業務機能調査表というツールを開発したが、これは借りものではなく、広島銀行の試行錯誤の賜物である。開発投資と開発期間を銀行の経営者が辛抱強くサポートできるか。

③ 　ツールができても、それを使って成果をあげるのは営業担当者自身である。ツールを使いこなして取引先企業と価値ある情報を共有するためには、息の長い人材育成の努力が必要であり、銀行の経営者はそれを経営戦略として意思決定し、継続できるか。

これらはいずれも、銀行の経営陣が意思決定しなければ実現しないことである。広島銀行の取組みは、私が知っている限りでもすでに十数年を経ている。それも同じ1年を繰り返したのではなく、十数年間にわたって改善を積み重ねてきたものである。

　広島銀行の法人営業部に紹介していただいて、ある地方銀行を訪問した時のことである。広島銀行の取組みの詳細を説明したところ、「そのような活動を始めよう」という企画の上申自体ができないといわれた。つまり、取引先の経営実態を把握して、情報共有する、課題を提案するなどの活動自体が行内で認められないというのである。

4 外部専門家との協働による 改善余地の算出

(1) 製造現場における「改善余地」の発見

　共通価値創造に向けた中計策定支援で最も重要な取組みは、「改善余地」の算出である。銀行と取引先企業の間で中計策定時点において具体的にどれくらいの改善余地があるのかを数字で合意し、その数字を達成するのに必要な実行計画書が作成され、取引先はそれを確実に実行する。業務機能調査表による業務実態の把握と変革点仮説の提示だけでは改善余地を見出すことはできない。

　改善余地の算出において最も重要なのは、製造現場をみることである。製造業においては、建屋、電気・水などのユーティリティ、機械設備、材料、仕掛など過去からいままでに投資してきた企業のほとんどの資産が工場にある。もちろん、製造現場で働く従業員の質と量は製造業にとって財産以外の何者でもない。どのようにして価値ある製品がつくられているのかをみないで、経営計画を共有することなど論外ではないだろうか。

　そして、製造現場の状況を把握するためには、外部の専門家との協働が欠かせない。図表2－6はその概要を示している。

① 改善余地に基づく業績改善の取組みとその成果の数値化

　業務機能調査表を使って自己チェックによるB（いままで

第2章　広島銀行における取引先支援の取組み　81

図表2-6 外部コンサルタントとの協働で共通価値創造に取り組む

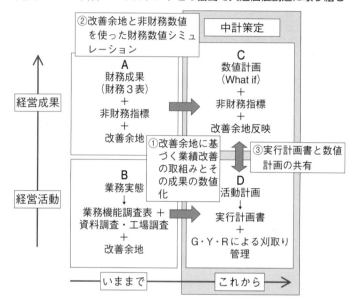

の経営活動)の実態把握を行うだけでは、改善余地はみえない。製造業の価値の多くが工場にあり、同時に改善余地の多くも工場にある。そこで、工場調査は欠かせない。ここで得られた情報をもとに変革点仮説だけではなく、D(これからの経営活動)について具体的な実行計画の策定と改善余地の数値化を行い、共有する。この活動は製造業をよく知る外部の専門家とともに行うことが重要である。

② 改善余地と非財務数値を使った財務数値シミュレーション

A(いままでの経営成果)に対して、改善余地を反映した財務数値シミュレーションを行う。たとえば、カーツ社の事

例でいえば、不稼働損と超過稼働損の解消のための平準化生産の実施による1.3億円の刈取りと、0.8億円のリストラによる原価低減である。具体的な実行計画による刈取り成果に対して、売上などの変数は "What if" という仮説を設定してシミュレートし、C（これからの経営成果）を中計として設定する。

③ 実行計画書と数値計画の共有

上記の数値計画（C）と活動計画（D）の関連を討議して中計を共有する。この時に最も重要な取組みは、実行計画書の作成と共有である。

(2) なぜ専門家との協働が必要なのか

なぜ、製造現場から取引先企業の課題を見出すために専門家との協働が必要なのかを考えてみよう。

取引先から製造設備の投資に関して1億円の融資の申込みがあったとき、営業担当者はどうするのだろうか。相手が優良企業で貸付金の回収リスクが小さければ、その設備の詳細や使用目的、予想される ROI（Return On Investment）などを聞き出す営業担当者は少ない。他の競合する銀行に融資案件がもっていかれないように、営業店は本部（融資部、審査部）に対して急ぎ決裁を促すことになる。一方、その取引先の財務状態で1億円のリスクは高過ぎると判断すれば、他行との協調融資にして、自行の融資は、たとえば3,000万円にするだろう。

いずれの場合でも、融資の決裁がおりれば営業担当者の役目

第2章　広島銀行における取引先支援の取組み　83

は終わりである。通常、その設備を見に行くことは少ない。私のように社会人になったときから製造業で仕事をし、製造現場の油の匂いを嗅いできた者からすれば、本当にもったいないことである。融資によって設備が導入された機会に、その設備をみせてもらえば、普段みられない工場で働く従業員や仕掛在庫などをみることができる。このように機会を見つけて工場をみることが、何よりも事業を理解することにつながる。

　では、なぜ営業担当者は製造現場をみようとしないのだろうか。「みてもわからない」からではないだろうか。せっかく工場に案内してもらっても、説明がよくわからなければ質問もできないし、感想を聞かれても気の利いた応対ができない。だれでも自分が貢献できないことにはかかわりたくないものである。

　しかし、製造業の企業実態把握において、資料調査と工場視察とは切っても切れない関係にある。工場視察で確認したことや、工場視察中の質問による実態把握をもとにして、活動とその結果の数値を関連づけて理解することがはじめて可能になる。そのためには、常に専門家との外部連携を深めて実践を通じてノウハウを蓄積しなければならない。

　たとえば、工場視察中、私はワークサンプリング（WS）（注）という手法を使って、設備稼働率を推定する。工場を案内していただきながら「この製造現場の正味稼働率は30％程度ですか」と問いかける。大きくはずれることはない。「正味稼働率はいくらですか」と問いかけるのではなく、30％と推定し

84　第Ⅰ部　経営改善事例で考える共通価値創造

て問いかけることによって、案内する人は設備の正味稼働率が低いことを問題にしていると理解する。

　（注）　ワークサンプリング（WS）とは、ある時点での観測対象（たとえば、製造設備）が、どの状態にあるか瞬間観測を行い、その観測記録の回数の割合から稼働状態や不稼働状態などがどのくらいの比率で発生しているかを推定し、改善に役立てる手法である。具体的には工場のなかで観測する場所をあらかじめ決めておいて、1日に何度も機械の稼働状態を記録する。30回の観測で機械が稼働している回数が10回なら、稼働率は33％と推定される。私が工場を視察する時はワークサンプリングの応用として、工場を視察しながら10台ある機械のうち、3台が稼働していれば稼働率は30％という具合に推定する。人作業についても同様である。

　そこで、「では、後ほど号機別（設備別）の正味稼働率の資料を準備しておいてください」ということになる。もちろん正味稼働率データをとっていない会社もたくさんある。その場合は、重要なデータをとっていないこと自体が問題であり、データに基づく工場経営をしていないという実態が共有されるのである。

　広島銀行の法人営業部の営業担当者はさまざまな案件で経験を積んでいるし、定例会での実践指導の積重ねや行内での事例発表等により、おそらくほかの地方銀行に比べて高い能力を有していることは間違いないだろう。しかし、まだ独力で工場を視察して課題を設定する実力はない。そこで、広島銀行では大手製造業のOBを法人営業部に迎えている。その人と同行して

第2章　広島銀行における取引先支援の取組み　85

の工場視察により、工場をみる際の勘所を聞き出して知見を積み重ねることができる。

重要なことは、専門家と連携して製造業の現場まで足を伸ばしてその業務実態を把握しようと努めていることである。この積重ねは大きい。

(3) 改善余地がどれくらいあるか

工場視察や資料調査をすることによって銀行と取引先と外部コンサルタントが改善余地を見積もり、その改善を実行するための実行計画を作成する。その実行状況と成果の刈取りの程度をKPI（Key Performance Indicator：重要業績指標）で確認しながら改善のPDCAを回す。

したがって、中計策定支援にあたり、改善余地の見積りをどれくらいの精度でできるかが重要である。たとえば、カーツ社の場合、年間平準化生産を実現することによって不稼働損も超過稼働損もなくなり、その成果としてコストダウン金額は約1.3億円になると見積もることができた。さらに、リストラによって0.8億円の固定費を削減できる。その見積りの精度が高かったからこそ、銀行は閑散期に在庫費用がふくらむことを承認してくれた。

改善余地と「タラ・レバ」を混同してはいけない。改善余地は改善策の実行とその成果に因果関係があって、自らの努力で獲得するものである。実行計画の確実な達成によって、KPIで設定した成果を獲得しようとするものである。一方、業績改善

を求めるがゆえに、「タラ・レバ」を計画にしてしまう場合がある。たとえば、「売上を10％上げる。そうすると利益改善がいくらになる」「為替が10％円安になる。そうすれば利益改善がいくらになる」といった具合である。これらはすべて「タラ・レバ」であって、中計策定時にシミュレーションによって設定するものであり、改善余地ではない。

(4) シミュレーションによる中計策定

4象限マトリックスの枠組みを使って中計策定支援をするにあたって、「タラ・レバ」は、"What if（もし～ならば～である）"のシミュレーションとして取り扱われる。

・再び円高になったら、売上と利益はどう変化するか。
・今後借入金利が上昇すると利益はどうなるか。
・競争がより激しくなり、商品の販売単価が3％下落したら売上と利益はどうなるか。

これらは、自社でコントロールできるものではない。"What if"でシミュレーションをして、リスクへの備えをすべきものである。

・さらに円安になって売上と利益は拡大する。
・借入金利はさらに低下して金利負担は下がり、利益は増える。
・商品の販売単価は営業努力により5％上がり、売上と利益は増える。

"What if"は売上や利益の外部環境に対する感応度を具体的

に認識し、それをもとにして経営計画策定の助けとするもので
あるが、上記のように易きに流れる「タラ・レバ」を前提にし
て経営計画をつくる企業は、ただその場の安心を求めるだけで
あり、先延ばしによって、さらに大きな苦労が待ち受けている
ことを理解するべきである。

　広島銀行法人営業部では改善余地と「タラ・レバ」を明確に
分けて、「タラ・レバ」に頼らない経営計画策定を支援してい
る。カーツ社の場合、売上の拡大を選ばず、足元で実行できる
改善余地のみで経営計画を作成し、銀行とカーツ社がそれに合
意したことが重要であった。

5 実行計画書と KPIマネジメント

(1) 実行計画書は目的とできあがりイメージが重要

　広島銀行では中計策定支援において、計画策定後の銀行の役割として「モニタリング」という言葉を使う。私はこの言葉が好きではない。モニタリングという言葉には状態を監視する、状態を把握するために観察・評価するという意味合いがある。資金の貸し手と借り手の関係を思わせる言葉だ。

　しかし、実際に中計策定支援で計画策定後に行っている活動は監視、観察・評価ではない。銀行と取引先企業と外部コンサルタントが共通の成果獲得のために、それぞれ役割を果たすということである。モニタリングという言葉は共通価値創造の活動にはそぐわないから、やがて別のもっと実態を表す言葉にかわるだろう。

　中期経営計画をつくって終わりではなく、それからが本番である。「戦略よりも実行」という言葉があるが、まったくそのとおりで、実行しないと成果はあがらない。また、実行していると新たな問題が出てきて、その問題を解決しながら前に進むことによって、さらに大きな成果をあげることができる。最初からすべてがみえるものではないし、すべて頭で考えて出てくるものではない。

第2章　広島銀行における取引先支援の取組み　89

実行を確実にする仕組みとして、私が広島銀行と一緒に中期経営計画の実行支援をさせていただいている会社では2つのツールを使っている。1つは実行計画書、もう一つはKPIマネジメントである。

図表3－5（136頁）は実行計画書のサンプルである。詳細は第3章で説明しているが、この計画書で特徴的なことは、「達成できた状態」と「懸念される障害と対策」の項目が追加されていることである。

⑵　KPIでPDCAを回す

KPIについても同じく第3章で説明しているが、ここでは中期経営計画の実行支援に使うGYR（信号管理）について紹介する。GYRとはG（Green）、Y（Yellow）、R（Red）を示し、目標の達成度合いを数値だけではなく色で表現するものである。これによって一目で達成状態がわかり、それぞれの実行責任者にとっては成果をあげなければならないというプレッシャーになる。

KPIマネジメントとは、KPIを使ってPDCAを回すマネジメントシステムである。そもそも日本では、だれがその目標数値に責任をもつのかがあいまいな場合が多い。組織における責任と権限があいまいなことと重なって、管理職が数値責任を担うという意識が低い。中期経営計画の実行においては、そのような甘い取組みを排除して成果をあげなければならない。

図表2－7は、GYRによる進捗管理表の例である。

90　第Ⅰ部　経営改善事例で考える共通価値創造

図表2－7　GYRによるKPIマネジメントの例

責任者	No.	行動計画	担当者	KPIおよび取組事項	GYR 進捗	GYR 着地	業績検討会議での活動報告　4月10日
田中	1	外注費の削減	小原	①材料費の削減　　10,000千円 ②購買品の削減　　5,000千円 ③外注加工費の削減　3,000千円	G	G	（Y）取引先別／部品別目標の設定：済 （W）加工費削減：VE活動のタスク追加が必要 （T）・個別交渉の開始 　　・VE活動計画の作成
足田	2	平準化生産の推進	伊月	①不稼働損の減少　△30,000千円 ②超過稼働損の減少　△5,000千円	Y	G	（Y）標準品の年間計画の作成：済 （W）特になし （T）・標準ユニット、標準部品の年間計画の作成 　　・組立工程の能率標準の確認
	3	品質情報の一元管理	北野	①品質管理課で全社一元管理 ②製造は検査課、営業は営業管理で集約	R	R	（Y）関係部署で担当者の任命：済 （W）過去の品質記録に抜けもれあり （T）実施方法の再検討と詳細計画の作成
暁	4	不良率の低減	松尾	①製造不良率　△1.0% ②品質コスト　△15,000千円	G	R	（Y）製造各課から改善計画書の提出：済 （W）品質コストの計算方法の再確認が必要 （T）・クレーム処理費用について勘定科目と部署コードの設定
	5	市場クレームの低減	増田	①出張クレーム処理回数　△50% ②クレーム処理費用　△50%	G	Y	（Y）第一報処理の連絡方法の確認 （W）出張処理の前にやるべき調査内容がルール化されていない （T）社内処理プロセスの再検討とフロー図の作成

進捗管理には２つのGYRがある。１つは現在の進捗状況であり、もう一つは着地見込みである。たとえば、No.1の外注費の削減は、進捗状況も着地見込みもGである。No.2の平準化生産の推進では、進捗はYであるから、現時点では遅れが生じている。しかし、最終的な着地見込みはGであるから大丈夫ということになる。No.3の品質情報の一元管理はいずれもRであるから、なんらかの追加の手を打たなければ目標は達成できない。このようにGYRを使って実行計画を進捗と着地の２つの視点で評価することは、未達を「終わったこと」ですますことなく、見込みに基づいて必要な打ち手を考えるきっかけになる。

　業績検討会議での活動報告についても工夫がある。例で示した活動報告では、Y（やったこと）、W（わかったこと）、T（次にやること）に分けて議事録を作成している。報告者に対してYWTで報告することを義務づけることによって、進捗管理が明確になる。

　このようにKPIの達成状況をGYRで可視化し、活動についてはYWTで進捗を共有することの効果は大きい。月次の業績検討会でKPIを使って結果（GYR）と活動（YWT）の両方でPDCAを回すことによって経営計画の実行を確実にし、さらに継続的改善から生まれる新たな改善施策を取り入れることによって、成果は当初ねらった以上のものになるのである。

92　第Ⅰ部　経営改善事例で考える共通価値創造

第 **3** 章　会社・銀行・コンサルタント
——三者一体の共通価値創造

銀行は、会社と外部コンサルタントをみている。会社は、銀行と外部コンサルタントをみている。外部コンサルタントは、会社と銀行をみている。三者一体の共通価値創造とは、三者がそれぞれの役割を果たし、会社の業績改善を実現することである。三者一体の共通価値創造にあたり、会社、銀行、外部コンサルタントはどのような考えで取り組むべきか。本章では、それぞれの立場でなすべきことを考えてみよう。最後に、三者が具体的な戦略を策定・実行するにあたり、留意すべき点について述べる。

1 会社がなすべきこと

(1) 良いことをしても儲からない時代に対応できているか

いまの30代、40代、50代の会社員は、私のように高度成長期に20代から30代を過ごした者に比べると、むずかしい課題に取り組んでいる。

私の時代は自分の成長と会社の成長が一体になっていた気がする。品質や生産性を改善すれば、自動的に会社は売上や利益を拡大させることができた。高度成長期は毎日が心躍る時代であった。経営計画をつくるときや設備機械を導入するときは、借入金利を10％と置いて投資採算性を計算していた。つまり、毎年10％の成長は当たり前であった。

1990年代のバブル崩壊後に入社した人はもう50代になっている。その間、特別な設備投資はなく、毎年コストダウンに明け暮れてきたのではないだろうか。いつの間にかものづくりはアジアに移り、国内の生産量は減り続けている。会社員人生の大部分をコストダウン計画の作成と実行で費やし、工場の幹部や管理者になっている。

自動車部品を製造する会社の社長から相談を受けた。その会社は国内に3カ所の工場があり、各工場では毎月数グループの

第3章　会社・銀行・コンサルタント──三者一体の共通価値創造　95

改善発表会を開いている。社長の相談とは、「毎月の改善効果を頼もしく聞いているが、一向に業績が良くならない。改善効果を合計すれば相当の利益改善できているはずなのになぜだろうか」ということである。

図表 3 - 1 で説明しよう。たとえば、段取り時間の短縮や段取り回数を減らす改善を実施した結果、1 カ月当りの切替え時間が120分削減されたとしよう。それにその職場のコストチャージ3,000円／分を乗じると36万円になる。1 年間では432万円になる。このような改善が毎月 3 工場で発表されるというのである。

高度成長期にはこの短縮された時間で新たな仕事をして、売上を増やすことができた。その売上と利益は改善によってもたらされたものだから、改善さえすれば会社の業績が良くなる。ところが、いまは改善しても生産量が増えるわけではない。改善をしてもそれに見合う「刈取り」をしなければ経営成果にはならないのである。

つまり、製造現場で120分の時間削減を達成した結果、たとえば、残業代が減れば、改善の成果を刈り取った（利益貢献した）ことになる。時間削減を積み重ねて 1 人分の仕事量に相当するようになったら、人員を 1 名減らせば改善の効果を刈り取ったことになる。残業や人員を削減しなければ、受注が増えない限り、余裕時間ができただけで刈取りはゼロであり、利益貢献はないということになる。

同じように、今度は時間当りの生産数を改善したとする。い

96 第Ⅰ部 経営改善事例で考える共通価値創造

図表3−1 改善と刈取り

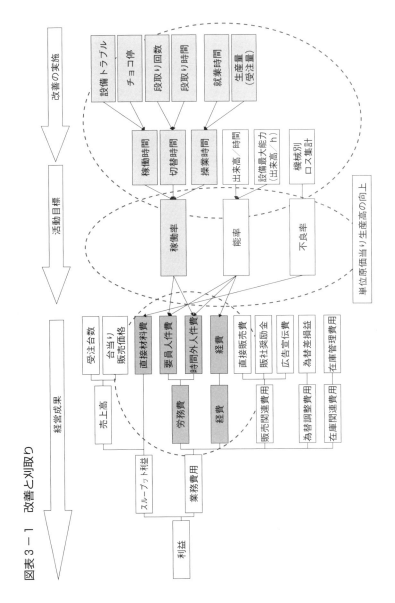

第3章 会社・銀行・コンサルタント——三者一体の共通価値創造 97

ままで NC 旋盤で 1 時間に 600 個切削していたが、刃物や回転数の改善で 1 時間に 660 個切削できるようになった。10％の能率改善である。従来、午後 5 時の定時までかかっていた仕事は午後 4 時頃に終わってしまう。しかし、これも刈取りをしなければ、機械の正味稼働率が落ち、単純に暇になっただけである。良いことをしても良いことが起きないのである。

増産が望めない時代にあっては、いままでの考え方を変えなければならない。改善は必須であるが、大事なのはその改善結果を経営成果に結びつける取組みを同時に行うことである。

(2) 製造業の未来は継続的改善と設備投資でしか開かれない

経営が厳しくなると、長期的な取組みを中止せざるをえない場合がある。その代表は製品開発である。製品開発を怠ると、顧客に提供する付加価値が少なくなり、コスト競争しか残らなくなる。しかし、中小企業がコスト競争力だけで生き残るのはむずかしい。いままでは安い人件費が競争力の源泉であったかもしれないが、人手不足もあり、人件費を低く抑える取組みは長続きしない。

製造業の競争力の源泉は、製品開発だけではない。継続的改善で QCD（Quality、Cost、Delivery）を高めることが大事であり、設備投資、製品開発投資、人材投資のできない会社はやがて競争力を失う。経営者もそれを支援する銀行も、こうした製造業の特徴を理解しなければならない。減価償却費をほぼゼロ

にして、損益計算書を黒字にしている会社が多くある。こうした会社は将来の設備更新をするお金が手元にない。そのような状態で競争力を維持できるとはとうてい思えない。

　カーツ社の経営計画のなかで重要なことは、将来の製品開発にかかる費用を削減しなかったことである。刈払機の4つの大きな部品ユニットであるエンジン、シャフト、ギヤ、回転刃のうち、カーツ社が自社生産しているのはギヤだけである。刈払機の性能を決めるもう一つの主要部品であるエンジンの自社開発投資がようやく実を結び、2018年7月から始まる同社の第3次中計では新型エンジンの市場投入が現実のものとなった。厳しい資金繰りのなかで、長く利益をあげることのできる会社にすることについて、会社、銀行、コンサルタントの三者が合意したということは大きな意味をもつ。

(3)　目先の損得で動く会社は見放される

　いま、貸出金利は未曽有の低金利である。この状態が長く続くと考える経営者は大きなリスクに気づいていない。図表3－2は1989年以降の短期プライムレートの推移である。期間中、1990年12月に8.25％であった金利が1991年4月から下がり続け、1995年に2％、2012年には1.5％になっている。すでに2％以下が20年以上続いているため、40代の経営者は低金利しか経験していない。しかし、5年、10年の期間でみれば、金利が5％、10％になることは容易に考えられる。

　銀行を借入金利だけで選ぶ経営者は、もっと大きなリスクに

図表3－2　短期プライムレートの推移（1989～2017年）

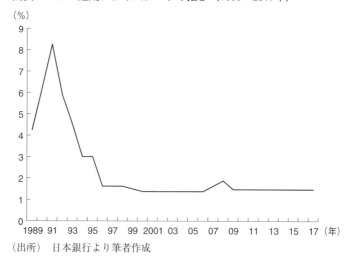

（出所）　日本銀行より筆者作成

気づいていない。1億円を借りても、金利2％と1.8％の差は年間20万円にしかならない。銀行からいくら良い提案を受けても、最後は金利差で別の銀行を選んできた会社は、いつか銀行から見放されることになるだろう。良い提案の価値を20万円以下としか考えない会社に、銀行が寄り添う必要はない。

　少しでも金利の安いところから借りようとするのは、企業経営者としては当たり前の行動と主張する経営者がいる。しかし、低金利かつ国内製造業が疲弊しているなかで、銀行が取引先企業の経営支援で自らのサービスに付加価値をつけようとしていることは、会社にとっても銀行との付き合い方を変えるきっかけになる。銀行に相談すること自体がリスクだと考える経営者もいるが、日頃からの情報共有と信頼関係を大事にしな

いと、双方にとって益がないのではないか。

(4) 経営者の実行力

　三者一体の業績改善で、当事者である経営者の実行力が最も重要であることに疑いはない。業績の悪い会社の特徴の1つが、「経営者が甘い」ことである。業績不振に陥った時に責任を市場や顧客に転嫁せず、結果を出すために必要な施策を確実に実行する必要がある。そのために求められる経営者の資質とは何か。ハーズバーグの衛生要因と動機づけ要因をベースにして考えてみよう。

　ハーズバーグ（1923〜2000年）は、人が働くモチベーションには衛生要因と動機づけ要因の2つがあると主張した。「衛生要因」は職場環境と関連があり、会社の方針と管理、監督、仕事上の対人関係、作業環境、身分、安全保障、給与などであり、これが悪いと不満になるが、良くしたからといって満足感が高まるわけではなく、不満を防ぐだけである。一方、「動機づけ要因」は仕事の内容と関連があり、達成、承認、仕事そのもの、責任、昇進、成長の可能性などであり、これらを改善すると満足度が高まる。

　ハーズバーグの考え方の斬新なところは、衛生要因と動機づけ要因を別物としてとらえたことである。衛生要因である給与を上げれば従業員の不満は解消できるが、満足度が高まるわけではなく、仕事そのものや仕事の責任などによって従業員の満足度ははじめて高まるということである。

業績不振に陥った会社では、従業員の衛生要因は低下せざるをえない。債権者である銀行からはコスト削減は当たり前との認識を突きつけられ、給与やボーナスは削減するのが当たり前である。「痛みを伴わないでうまくやる」ことを考える経営者を債権者である銀行は良しとしないのである。銀行の立場からは当然で、経営者から困難に立ち向かう気概が感じられないなら、わざわざリスクを背負って経営者を支援する気にはならない。

　しかし、実際には「給与を下げ、リストラをして業績を上げるなら、専門家を雇う意味がない。そんなことをせずに良くなる方法はないのか。そのためにあなた方を雇っている」という経営者が多い。つまり、自分に厳しいことをせずに、良い結果が出ないのかというのである。このような無責任な経営者では業績改善はできないし、一時的に業績が回復したとしても必ず再び苦境が来る。このような経営者を支援することには銀行だけではなく、コンサルタントも躊躇する。

　この点、カーツ社の勝矢社長は、業績改善のためにわき目もふらずに邁進する姿勢にブレはなかった。役員賞与を減額し、従業員の昇給もストップ、ボーナスも最低限しか出せないなかで、勝矢社長と経営幹部はゴルフをやめ、勝矢社長はゴルフクラブを売り払った。夏の暑いときにも事務所のクーラーをつけなかった。社内の目につくところに「ほしがりません、勝つまでは」と大書した額を掲げて、会社の目指すべき方向を示していた。だからこそ、広島銀行もカーツ社の支援を決断できたの

である。

しかし、私は一度も役員や従業員から勝矢社長の「悪口」を聞いたことはない。10年以上にわたって支援させていただいた別のオーナー経営の食品会社があるが、その経営者も同じだった。中間管理職の方に理由を問うたところ、「オーナーがいちばん働いている。毎日、全員の営業日報をオーナーは読んでいる。その証拠に、時々夜中の2時頃にメールが来ることがある」という答えだった。従業員は厳しく経営者をみているのである。

勝矢社長と役員は一体になって業績改善に取り組み、その取組姿勢で従業員のモチベーションを保ち続けた。そして、数字で成果が表れるに従って、従業員は勝矢社長と経営陣を頼れるリーダーとして再認識したのである。

動機づけ要因で従業員を引っ張っていける経営者であれば、銀行はその経営者を支援することができる。一方、従業員は衛生要因によってのみ動機づけられると思っている経営者を支援することには大きなリスクがある。給与を下げれば従業員が辞めてしまうと思えば、給与には手をつけられないからである。ちなみに、業績回復後、最初に勝矢社長が銀行に申し出たのは、従業員への臨時給与の支給であり、次の年には3年間停止していた昇給の復活と役員賞与を元に戻すことであった。

(5) 製造業の経営者と番頭さん

製造業は、開発した製品がお客様に受け入れられて、はじめ

て利益を得ることができ、そのお金を再投資して新たな価値を生み出す。製造業の経営者が土地や株などものづくり以外から儲けようと考えるなら、そのような会社に対して銀行はお金を貸してはいけない。

たまたま土地が上がった、株が上がった、為替が動いたことによって利益を手にしたとすると、それは従業員の目にどのように映るのだろうか。1円の原価低減のために知恵を絞り、1秒の動作の短縮を競っている製造現場を軽視しているとしか思えない振る舞いではないだろうか。製造以外で儲ければ、現場の改善は小さくみえてしまうし、製造以外で損をすれば、現場の努力を食いつぶしたとみえるだろう。

だから、私は製造業である限りは、ものづくりに邁進する経営者を支援することが必要だと思う。結局、お客様に届くのは製品だから、優れた製品をつくりだすことに対して誠心誠意努力しなければ、市場に価値のある製品を送り出すことはできない。

さらに、組織としての会社には社長を支える人材が必要だ。少なくとも営業、製造、開発、業績管理の各分野で持ち場を守る専門性の高い人材と、内閣官房長官のような社長を支えて社内調整できる人材がいれば、その会社になんらかの不測の事態が起きても支援する価値があると思う。そのような人材が育っていないとすれば、それは社長の経営管理ができていないということを意味する。オーナー経営でオーナー社長を支える人材がいない会社は、オーナー経営者自身が経営者として魅力に欠けると言うのは言いすぎだろうか。

2 銀行がなすべきこと

(1) 逃げる銀行は逃げられる

　銀行は債権者であるから、債権をいかに保全するかを考えるのは当然である。業績不振に陥っている会社に対してメインバンクが追加融資を止めれば会社は立ち行かなくなり、債権（融資）は回収不能になる。一方で、追加融資をした後に借り手の業績が回復しなければ、追加融資も含めて債権を回収できなくなる。

　業績回復の可能性にかけて取引先企業を支援すると決めたら、業績回復を確実にしなければリスクだけが大きくなるから、業績改善の支援は銀行の大きな役割になってきた。さらに、会社の価値を高める取組みによって安定した業績をあげる会社にすることができれば、業績回復後の再投資資金を融資することができる。

　お金には色はついていないから、貸出サービスの違いは金利だけであると思っている銀行は大きなリスクを背負っている。貸出金利が5％の時は、より低い金利を提示して4.5％で貸すことができた。2％の時は、1.8％を提示するとしよう。1億円を借りて2％か1.8％かの違いは、年間わずか20万円である。他行より低い金利で貸出を増やすだけの銀行では魅力がな

第3章　会社・銀行・コンサルタント——三者一体の共通価値創造　105

くなってきた。企業実態の把握を怠り、提供できる価値が金利差だけで、業績が悪くなれば債権回収と担保設定に走る銀行は会社から逃げられる。

晴れの日も取引先企業と経営実態を共有し、提案を続ける銀行、雨の日は傘を取り上げに行くのではなく、業績改善を促し、具体的な改善策の提案ができる銀行が会社から信頼される。そのような時代になってもう20年以上が過ぎているのである。

広島銀行における取引先の本業支援の取組みは、すでに10年以上の積重ねがある。毎期、過去に実施してきた取組みを見直して、改善と投資を繰り返している。「当行も10年前から取り組んでいます」という銀行には、1年を10回繰り返しているだけになっていないかと問いたい。取組みを毎年改善し、積み重ねることが大切である。それは製造業で継続的な改善が重要であるのと同じである。

⑵　投資できない製造業に未来はあるのか

地方銀行の取引先は、同族企業も含めてオーナー系の中堅中小企業が多い。後継者は決まっており、社内から非同族の人材を登用することや、外部から人材を招くことはない。M&Aなどを通じた事業再編や事業構造改革は通常ありえない。金融円滑化法と低金利に頼って借換えが繰り返され、元本返済を棚上げして金利だけ払い続けながら存続している会社は、オーナー経営者の資産を担保にしているケースがほとんどである。

業績不振が続いている会社にSWOT分析を適用すれば、脅威（T）や弱み（W）をいくらでも抽出することができるだろう。しかし、経営者と議論しても、強み（S）といえるだけのものを探し出すのはむずかしい。市場における機会は多くあっても、自社にとっての機会（O）を探し出すのはむずかしい。

　このような場合、銀行員が取引先企業とともに考えるべきは、脅威（T）や弱み（W）ではなく、強み（S）と自社にとっての機会（O）である。企業の強み（S）と自社にとっての機会（O）は、製造現場にあることが考えられる。製造業における強み（S）は、現場の熟練工であったり、償却ずみの製造設備であったり、そこから生産される他社がやりたがらない作業によって生み出される製品であったりする。

　長期で低迷している企業は、減価償却費も少なく、そのために損益計算書は黒字になっている場合が多い。その現場から生み出される製品は市場で一定の売上を維持しているわけだから、製造現場にいくつかの生産設備を導入するだけで合理化が進んで強み（S）が増し、自社にとって機会（O）が大きくなる可能性がある。

　しかし、このような企業は元本返済を猶予されているがゆえに投資ができず、じりじりと競争力を落としていないか。銀行も投資する金があるなら返済してほしいと迫り、取引先の事業価値をかえって低めていないか。いずれ先延ばしができない状態になることは銀行も企業も理解しているが、業績改善に向けて改善余地を具体化してともに協力して取り組む態勢ができて

第3章　会社・銀行・コンサルタント――三者一体の共通価値創造　107

いない。もったいないケースが多々あるのではないか。

(3) 支店長に取引先の業績改善に取り組む意欲はあるか

　銀行の営業店の短期志向が障害になることがあるとすれば、残念なことである。営業店の支店長や営業担当者は毎月の業績に追われており、中長期的な思考をすることはむずかしい立場にある。だからといって取引先企業と直に接する営業店が短期的な視点しかもたなければ、業績改善を必要とする会社は借入れができなくなるのではないかという懸念から、銀行と情報を共有しなくなってしまう。

　カーツ社の例で考えてみよう。もし支店長がリスクを過大に感じて尻込みすれば、あるいは自分の評価や任期を考えて先送りすれば、カーツ社の経営改善はありえなかっただろう。本部や融資部に連絡が入り、協議が始まったときに営業店が尻込みすれば、それを押してまでリスクをとろうとする融資部はないだろう。取引先の経営状態を日頃からよく把握し、業績が悪化した時に正しく本部に状況を伝えるためには、支店長や支店次長など営業店の管理職の事業を見る目を高めておくことが大事になる。

　銀行として取引先企業の経営改善を支援すると決めた後でも、営業店は大きな役割を果たすことになる。

　カーツ社の場合、取引先から決済条件の変更、最悪の場合は取引停止を宣告されるリスクがあった。同社はギヤ以外のユ

ニットを購買や外注先からの仕入れで調達しているし、ギヤについても部品や材料を外部から調達して加工している。部品やユニットの1つでも調達できなければ、製品はつくれない。

このようなときには、中小の取引先よりも大手の取引先のほうが取引停止のリスクが大きい。大手は組織で動いており、社内ルールなどに縛られて融通が利かないことが多いから、対応を一つ間違えば、現金と引き換えでしか品物を引き渡さないなどの厳しい条件を出される可能性がある。大手がリスクを感じて取引条件を厳しくすれば、それを聞いた他社にも波及する懸念がある。

勝矢社長ほか役員は主要な取引先に対して、「広島銀行をはじめとする取引銀行の支援によって経営は安定しており、今後は業績も改善する」と説明に回った。広島銀行の担当営業店の支店長は勝矢社長に同行して銀行の支援体制について説明し、取引条件の悪化を最小限にとどめた。さらに、カーツ社はこのようなメイン行の支援状況を海外の顧客に説明し、従来どおりの取引を継続するよう要請したのである。

広島銀行の担当営業店とカーツ社の間には、もう一つエピソードがある。

会社と銀行とコンサルタントの三者一体の業績改善の取組みが始まった初年度、上半期に売上目標を下方修正するなど債権者にとって業績改善に確信がもてない時期のことである。担当営業店の次長と法人営業部の課長は、カーツ社の営業部長と一緒に欧州・北米から日本上空を通過して韓国・台湾へと向かう

第3章　会社・銀行・コンサルタント──三者一体の共通価値創造　109

世界1.3周の出張に旅立った。夜間に移動して昼間に代理店訪問という、当時、弾丸出張と呼ばれたタイトな日程であった。

この出張で初めて海外の代理店各社の責任者と会った営業店次長と法人営業部の課長は、カーツ社の製品の性能に対する高い評価やプロ・セミプロ市場におけるブランドの高さを再認識し、帰国後、出張での経験を各支援銀行の担当者に報告した。後日、それを他行の担当者から聞いたカーツ社の役員一同は、カーツ社を支援するメイン行と各支援銀行の一体感が大きな支えになったと語っている。業績改善の成功の裏には、関係者の誠実な取組みの積重ねがあるということだ。

(4) 日常的に情報を更新する

『オデッサ・ファイル』などのスパイ小説を著したフレデリック・フォーサイスは、「公開情報で98％の情報は入手できる。残りの2％がスパイである」と述べている。現在はインターネットの活用で、その98％の情報を短時間で手軽に入手することができる。残りの2％は経営者との懇談、工場視察や資料調査から得られるということになる。

特に上場企業の場合、事前に調べておくべき情報のほとんどは、ホームページに掲載されている有価証券報告書や経営計画、四半期開示などから収集できる。今後は非財務情報を含めた統合報告書の作成により、企業情報の入手はより容易になるだろう。

地方銀行の取引先の多くは未上場の中堅中小企業である。上

場企業と比べると開示情報は限定的だが、ホームページは有力な営業ツールであるから、ホームページには製品情報、機械設備とその台数や製造プロセスの紹介、技術の特徴などが紹介されていることが多い。

　銀行は取引先から少なくとも1年に1度、決算報告を受ける。得意先や仕入先、株主構成、経営者個人の財産や家族構成も「取引ファイル」に時系列で整理されており、訪問記録などのアクション情報も収集されている。

　しかし、銀行員はこの「取引ファイル」の情報で事足りると考えて、取引先企業のホームページをみていないことが多い。「取引ファイル」は過去の取引と訪問記録に基づいており、そこから現在の経営課題を抽出するのはむずかしい。会社訪問や経営者インタビューの前に、ホームページ情報を理解しておくのは有益なことである。この半歩踏み出す準備のために必要な時間は、1時間もあれば十分だろう。

　もう一つ重要なことがある。それは同業他社のホームページを調べることである。取引先企業だけではなく、数社の同業他社のホームページを調べることによって、会社訪問時の話題になるし、経営者に対する質問の質が上がる。良い質問ができれば良い情報が得られ、それが取引先と共通価値を創造するための基盤になる。

⑸　「いままでとこれから」で相互理解を深める

　取引先企業との共通価値の創造の最前線にいるのは個々の銀

行員である。その銀行員が取引先とのコミュニケーションレベルを上げるために役に立つ問いかけがある。「Ａ４判の紙の真ん中に１本の線を引いてみてください。左がいままでで、右がこれからです。いままでとこれからで、変わるものは何でしょうか」。真剣に自社の課題と向き合って、その課題を解決しようと考えている経営者なら、いくつかの重要な変化の方向を示すことができるだろう。たとえば、次のような回答が考えられる。

（いままで）売上が落ちることを恐れて、営業部門にノルマを課してきた。その結果、営業部門は安売りに走り、忙しくても儲からない体質になってしまった。

（これから）営業マンに原価を開示して、商品ごとの利益率目標を課して安売りをしない営業活動に変えたい。売上が落ちても利益が確保できるようにしたい。

（いままで）お客様の要望を聞いて、それに応えることを製造部門に強いてきた。特急対応で残業が日常的になり、コスト増だけではなく、現場が疲弊し、退職者も出始めている。

（これから）当日の飛込みは禁止したい。製造現場には計画どおり製造してもらう。朝、自宅を出るときに「今日は６時に帰るよ」と家族にいえる製造部門にしたい。

（いままで）社員数が増えないなか、部長・課長のポストがベテラン社員で固定されて、若手の活躍の場がない。

（これから）人事制度を複線化して、ラインのリーダーに若手を登用したい。一方で、ベテランの幹部には席を譲って

もらうが、納得してもらえるように金と名誉は保てるようにしたい。

「社長が考えておられる、これからの課題を聞かせてください」ではなく、「Ａ４判の紙の真ん中に（といって手元のノートを示しながら）１本の線を引いてみてください」と話すことによって、コミュニケーションのレベルが上がる。意欲のある経営者なら、同じことを担当役員や部門のリーダーに問いかけるだろう。

経営者がその場で答えられなければ、「社長、これは大事なことです。一度時間をつくって、メモを書いてみませんか。次回、それについて考えをお伺いしたい」と次回までの約束にすればよい。Ａ４判の紙の真ん中に引いたわずか１本の線が、経営者と銀行員にとって共通の考える基盤になる。

さらに、確認された情報に基づいて、「ところで、安売りしないことによって利益率のいままでとこれからはどうなりますか。その場合、売上の減少はどれくらい見込んでいますか」という会話に深化させていくこともできる。経営計画書が作成され、課題と重点実施項目が明確になっている場合は、社長と課題や重点実施項目を共有することができる。

そんな失礼なことは聞けないという営業担当者がいるが、それは間違っている。経営者からは「この銀行員は何のために当社に顔を出しているのだろうか。当社の事業内容を知らないでお金の話ばかりしている。会うのは時間の無駄だが、取引銀行だから仕方がない」と思われているかもしれないのだ。

第3章　会社・銀行・コンサルタント——三者一体の共通価値創造　113

3 コンサルタントがなすべきこと

(1) コンサルタントは3泊4日の旅人

　会社にとって役に立つコンサルタントとは何か。コンサルタントがやるべきことは何か。解決策を示すことだけではない。もっと大事な役割がある。

　私も若い頃には、自ら解決策を示せなかったらコンサルタントではないと思っていた。しかし、問題解決に必要な情報は、実はお客様がもっている。製造業であれば、ものづくりに必要な固有技術はお客様にあって、コンサルタントにはない。コンサルタントが無理をして、よく理解していないのに解決策を示そうとすることほど危険なことはない。銀行が業績改善のテコ入れをしている会社の場合、特にそのリスクが高い。会社自身は間違いではないかと思っていても、銀行から紹介されたコンサルタントがいうなら受け入れざるをえないと考えてしまうからだ。

　カーツ社の事例で、大手のコンサルティング会社が欧州市場での同社の評価を調査し、「市場関係者でカーツ社の製品を知っている人はいなかった」と報告したことを思い出してほしい。個々の会社の特徴をみず、教科書に書いてある一般論を適用して調査し、上手にプレゼンテーションをすれば、関係者の

114　第Ⅰ部　経営改善事例で考える共通価値創造

判断を誤らせて会社を窮地に追いこむかもしれない。多くの会社が銀行員や外部コンサルタントを信頼しない原因が外部コンサルタントによる事業性評価の質にあるとすれば、問題は深刻である。

　私はコンサルティングの実績を積み重ねるうちに、コンサルタントの力量は、良い質問と良いアドバイス、そして解決策を評価する目利きであると考えるようになった。そして、具体的な改善策の立案と実行を通じて「考える組織、考える従業員」を育成するために一緒に考えるコンサルティングを心がけている。コンサルタントが発する良い質問と良いアドバイスによって、お客様自身がデータに基づいて深く考えて見出した解決策は、コンサルタントが考えた解決策以上に価値のあるものである場合が多いからだ。

　そのように考えるようになったもう一つの理由は、コンサルタントが「3泊4日の旅人」だからである。旅人はやがて帰る。お客様との契約関係が終わった後で、何を残すことができるか。成果だけではなく、経営者や担当者に対する指導を通じて「考える組織、考える社員」を残すことができれば、高い価値のあるコンサルティングだったといえるだろう。

　考える組織とは、たとえば、生産現場における日別順序計画、毎月のデータに基づく経営会議、そのもとになる管理会計といった仕組みの設計・導入・運用・定着である。課題を解決してコンサルタントが帰っていった後も、考える組織や考える社員があれば、次々に現れる新たな課題に対して正しい取組み

第3章　会社・銀行・コンサルタント──三者一体の共通価値創造　115

をすることができる。

(2) 現場・現物でともに学んで成長する

コンサルティングとは基本的に実務経験の繰り返しであり、多くをお客様と一緒に学ぶ職業である。お客様と一緒に考えて、お互いが納得して実践する。実践のなかで新たな発想やアイディアを創発し、それをもとに新たな取組みを実践する。そうしたことの繰り返しによって、成果をあげると同時に多くを学ぶ。失敗を恐れずにやってみることが大事だが、間違った解決策を試してお客様に迷惑をかけることはできない。そのためにも、お客様と一緒に考えて間違いのない解決策を導き出す必要がある。

特に製造業においては、現場に飛び込まなければ正しく製造現場の実態を把握することはできない。コンサルタントや銀行員が現場に行くのを躊躇するのはなぜだろうか。工場を案内するお客様の担当者や工場長に「知らないことがばれてしまう」ことを怖がっているのだろうか。

私はありがたいことに最初に勤めた会社が製造業だったおかげで、製造現場をみるのが大好きである。コンサルタントになってからも「製造現場をみせてください。私の楽しみでもあるのです」といって、多くの現場をみせていただいた。そこでは多くの質問をしてきた。知らないことは、困ったことでも恥ずかしいことでもない。素直な質問が厳しい質問であることはよくあるし、現場の管理監督者で自分の職場を説明するのを嫌

がる人はいない。

　トヨタから歴代の経営者が就任している、大手の製造業の会社にお伺いした時のことである。応接室で挨拶すると、「お名前はお聞きしております。今日はお会いするのを楽しみにしていました」と前置きしたうえで、「現場をみていただけますか」といわれた。私は「こちらこそ、みせていただけるとありがたい」と応じた。

　生産担当の常務と一緒に現場に出ると、10人くらいの各職場の責任者が皆、小さな手帳をもって待ち構えていた。そして、私が各職場の責任者の方にいろいろと質問すると、肩が触れ合うくらいに近づいてメモをとっている。トヨタ生産方式を極めてきた職場のリーダーの方々が私のような者の声にも一生懸命に聞き耳を立てる。何かを学ぼうとしているのである。

　生産現場の視察が終わると、「会議室に皆を集めておりますので、ご感想をお願いいたします」とのことである。私は自分の視点から気づいたこと、改善すべきことを皆さんにお話した。その話を真剣に聞いていただいたのは本当にありがたいことであった。

　会社に勤めている方のほとんどは自社の生産しか知らない。これに対して、私にはコンサルタントとして30年間、いろいろな製造業をみてきた経験がある。そこに、会社に勤めている方にとっての私の付加価値があるのだと思う。コンサルタントも銀行員も、若い頃は先生とは呼ばれない。だからこそ、気楽に現場をみせてもらえる。一歩踏み出して現場をみる経験の積重

第3章　会社・銀行・コンサルタント——三者一体の共通価値創造　117

ねが、お客様に価値の高いサービスを提供する基礎になる。

(3) できあがりとプロセスがみえないコンサルタントには頼めない

コンサルタントにとって重要なことは「それを引き受けるときにほぼ結末がみえている」ということである。先がみえないで仕事を引き受けるのは無責任である。コンサルタントが仕事を引き受けるときの条件を列挙してみよう。

① 現場がみえて課題を正しく認識することができる。

② 取組みのできあがり（完成状態）が具体的にイメージできる。

③ コンサルティングのプロセス（進捗の過程）がイメージできる。

④ コンサルティングのプログラム（計画書）が書けて、それを説明できる。

⑤ コンサルタントとお客様の双方で、どれくらいのリソースの投入が必要かを計算できる。

「イメージできないものはマネージできない」というのは、コンサルティングにこそいえることである。コンサルティングは一定の期間で施策を立案・実行し、期待した成果をあげるプロジェクト型の取組みである。「これでやれる」という確信がもてないなら、「このように進めれば成果があがる」ということを企画書に書けないなら、仕事を引き受けてはならない。

具体的には、できあがり（完成状態）がみえるということが

重要である。いまの状態が目標の期日にはどのようになっているか、具体的なイメージができているということである。たとえば、課題が経営管理であれば、原価計算から製品別損益が計算され、儲かっている製品、儲かっていない製品が可視化できて、経営会議で月次の討議が行われている姿がみえている必要がある。

次に、どのようにコンサルティングを進めるのかという推進プログラムを書けることが必要である。プログラムが書ければ、その取組みにどのくらいのリソース（人材の質と量）をかけるかを見積もることができる。だから、お客様に対して具体的にコンサルティングフィーを計算して提示することができるのだ。

製造業では事前にその製品を製造するためのプロセスが理解できて、最初に工場をみた時に「現場がみえる」ことが大事である。材料から製造プロセスを経て製品になる。その製造プロセスと現場がみえなければ、どこに手を打てばいいのかがわからない。

したがって、外部コンサルタントを選ぶにあたって、事前に工場をみてもらうことは必須の条件である。製造業で現場をみずにプログラムを書いて、見積りを出すコンサルタントを信用してはいけない。私には残念なことに、化学工場のような化学反応を含んでいるプロセス型のプラント工場の現場はみえない。だから、それを正直にお伝えして、仕事を引き受けるかどうか判断するようにしている。

第3章　会社・銀行・コンサルタント──三者一体の共通価値創造　119

⑷　提言を受け入れてもらえるコンサルタントと受け入れてもらえないコンサルタント

　コンサルティングとはきわめて人間的な職業である。スキルがないと、いくら（いわゆる）人間性が高くても役に立たない。ところが、いくら良い提案をしても（スキルが高くても）受け入れてもらえないことがある。

　アンダーセンを退職した後に、アットストリームというコンサルティング会社を共同創業した。アンダーセンでもアットストリームでも一からコンサルティング事業を始めたが、私が一貫して言い続けたのは「SKILL よりも WILL」ということである。

　真意は、スキルは当たり前、ウィルがなければお客様に受け入れてもらえないということである。良い分析と良い提案ができても、その提案を受け入れてもらえなければ意味がない。受け入れてもらえるための必要条件はスキルだが、十分条件はウィルであるということだ。

　朝、お客様の事務所にお伺いするときに、はっきりとした声で「おはようございます」といい、帰る時には「お先に失礼します」という。このような当たり前のことができないコンサルタントは、戦略の立案ができても戦略の実行はできない。アットストリームの創業時には、「誠実・貫徹・学習」を会社の信条に掲げた。お客様に誠実に、プロジェクト（取組み）を貫徹、お客様とともに学ぶ（学習）の3つを何よりも大事な

120　第Ⅰ部　経営改善事例で考える共通価値創造

WILL とした。

　ある時にマネージャーから、「平山さんがスキルよりもウイルといいすぎるから、スキルを磨かなくてもコンサルティングができると考えている若手がいる」とお叱りを受けた。スキルがなくてもプロになれるというなら、お笑い草である。スキルだけではなく、その態度や考え方までも含めて、お客様に「当社にもあのような（若手の）社員がほしい」と思っていただけることが大事である。お客様はコンサルティング会社だけではなく、コンサルタントを選ぶことができる。

第3章　会社・銀行・コンサルタント──三者一体の共通価値創造　121

4 三者一体で行う 戦略(勝ち方)の立案

⑴ 管理会計は必須のツール、使い方で経営が変わる

　戦略とは、経営資源をどのように利用するか、何にお金を使うかの判断である。無限の経営資源(ヒト、モノ、カネ、情報)があれば道楽もできるが、業績改善が必要な会社には人材も製品もお金も、そして有益な儲かる情報もない。明確な戦略をもたずに経営資源を使っていたのでは浪費にしかならない。

　イタリアの経済学者・社会学者であるパレート(Pareto)が富の偏在について研究した成果は有名で、経営管理の分野では20：80の原則として広く知れ渡っている。

・品質管理ではわずか20％の不良原因が不良全体の80％を占める。

・在庫管理ではわずか20％の品目で総在庫量の80％を占める。

・売上の80％はわずか20％の顧客から得られる。

　問題解決のために必要なヒト、モノ、カネは限られているから、計画段階で取り組むテーマを絞り込み、さらに実行段階でも課題解決につながる重要な事項に焦点を絞って、集中して実践することが重要だということになる。

　専門家としてのコンサルタントには、事業に対する目利きの

122　第Ⅰ部　経営改善事例で考える共通価値創造

責任がある。その目利きの根拠を「具体的に数値で示す」ことが求められる。数字で説明できなければ、関係者が具体的なイメージを共有して共同作業を行うことはできない。

　そして、経営資源の使い方を意見ではなくデータで分析し、戦略を構築するには管理会計が欠かせない。精緻な原価計算に基づく製品別原価、製品別損益、顧客別損益はカーツ社の改革にとってきわめて価値のある経営資源であった。すでに述べたように、カーツ社には年間で１億円の不稼働損が隠れていた。それを具体的に数字で示すことができたのは、カーツ社で管理会計が整備されていたからである。

　カーツ社にとって、いままでは必要な時に必要な品をつくるという生産方法が当たり前であった。ところが業績悪化によって銀行とコンサルタントが入ることで、実は年間を通じて能力と負荷のバランスをとる平準化生産が重要であることがわかった。銀行は借金の返済ではなく、平準化生産にお金を投下することを優先事項とすることに合意した。カーツ社、銀行、コンサルタントの三者は何を優先事項とするかについて合意したうえで、その実行については勝矢社長のリーダーシップに期待することができた。

　管理会計ができていない会社は、何よりもその重要性を理解して、その整備に早期に着手すべきである。

第3章　会社・銀行・コンサルタント——三者一体の共通価値創造　123

⑵ 中堅・中小企業はランチェスターの法則を企業戦略に生かす

　マーケティングや研究開発では、相関関係と因果関係を間違えないことが大事だ。相関関係があっても因果関係があるとは限らない。たとえば、価格を下げたから売上が増えたのか、価格を下げると同時に行ったキャンペーンの効果なのかがはっきりとしなければ、価格を下げれば売上が増えるかどうか断定できない。

　「シェアの低い企業は儲けることができない」という命題にも同じようなあいまいさがつきまとう。シェアと利益の間に相関関係はあるだろうが、因果関係があるといえるだろうか。因果関係があるとすれば、シェアの低い企業は成り立たないのか。シェアと利益の因果関係を、深く突き詰めて考えることは大事である。

　カーツ社の事業性評価でも、「カーツ社の刈払機のシェアは低い。だから、今後、競争に打ち勝っていくことはできないのではないか」ということが問題になった。このような考えに基づけば、大きい者、強い者が常に勝つということになる。

　しかし、ランチェスターは、競争に関して重要なことを指摘している。弱い者、シェアの低い企業も市場や製品のカテゴリーをどんどん小さくして考えると勝ち目が出てくるということである。つまり、カテゴリーを細分化していけば、そのカテゴリーではシェアが高いということになる。そのカテゴリーで

124　第Ⅰ部　経営改善事例で考える共通価値創造

戦う限り、中小企業が大手企業と戦っても勝ち目があるということがいえる。

　カーツ社の製品は、上位クラスの市場では（高くはないが）一定のシェアがあり、業界ナンバーワン、ナンバーツーの企業に引けをとらない価格で売られている。「上位クラス、かつ"Made in Japan"」と市場を絞り込むことができれば、その市場ではシェアが高い可能性がある。この仮説の正しさは実証されつつある。

⑶　SWOT分析を「方針を決めるために使う過ち」に注意!!

　戦略策定ツールとしてSWOT分析が有名だが、その使い方を誤ると窮境に陥った取引先企業を殺すことになってしまう。SWOT分析に必要な各象限に当てはまる情報は調査や分析の過程で徐々に集まってくる。そこで、支援の可否を決めるツールとしてSWOT分析を用いると、判断を誤ることになる。窮境に陥った企業については、強みよりも弱みのほうがみえやすいからだ。カーツ社の〈自社の弱み×外部の脅威〉に目を向けてみよう。

〈自社の弱み〉は、次のとおりである。

・売上高輸出比率85％で為替リスクが大きい

・脆弱な財務体質

・小型の農事機に偏った事業構造

・季節変動が大きく低稼働の時期が半年ある

・（海外）いずれの国でも低い販売シェア

・主要ユニットであるエンジンを調達に頼る構造

〈外部の脅威〉は、次のとおりである。

・プロ、セミプロ市場におけるグローバル企業のブランド力と
　販売力

・大手企業の量産および現地化生産による価格競争力

・中国、インドなどの製品の性能向上のスピード

・円高の定着による価格競争力の低下

　リーマンショック後の需要の減退と急激な円高による価格競争力の低下で、売上高輸出比率が85％のカーツ社は資金繰りにあえいでいる。そのような時期に事業の現状を知れば知るほど、そして銀行と銀行員が自らのリスクを考えれば考えるほど、「支援は無理だ。現在のリスクの範囲で手仕舞いをして、できるだけ多くの債権を回収しよう」と考えるだろう。実際に状況を説明したのち、カーツ社にお金がないのを承知のうえで債権保全のために返済を迫った銀行がある。このようにネガティブに考える銀行のほうが一般的ではないだろうか。

　SWOT分析は「支援するという方針のもとで、具体的な取組みを検討する」手法であり、方針を決める手法ではない。したがって、SWOT分析は情報が完全に集まるまでやってはいけない。情報が集まるに従ってSWOT分析の記述は増えていくが、支援するか否かの方針を決めるためにSWOT分析を使うのは間違っている。

126　第Ⅰ部　経営改善事例で考える共通価値創造

⑷ 重要実施項目は「KPIで定義」する

どのような戦略を立案しても、それがうまくいっているのか、うまくいっていないのかを数値で表す指標がなければ、ゴールも進捗もわからない。また、戦略を具体的に数値で表現できなければ、それを実行に移すことはできない。ここにKPI（Key Performance Indicator）の重要性がある。

図表3－3は、KPIを抽出して設定する方法である。私はいくつかの方法を考案して試してきたが、この方法が最も効果的であり、「うまくいっている、うまくいっていない法」と名づけた。最初にこの名称を書籍で発表した時、出版社の編集者がもっと格好の良い名前にしてほしいといってきたが、私はこれほど実態を表している名前はほかにないと思ったのでそのままにし、以来、好んで使っている。

まず対象となる業務や課題について、「うまくいっている状態とはどのような状態であるか」「その状態はどのような指標で測定できるか」という問いかけを繰り返す。その問いかけを通じて、良好な状態としてのあるべき姿とそれを測定するKPIが抽出できる。また、逆に対象業務や課題について「うまくいっていない状態とはどのような状態か」「それはどのような指標で測定できるか」という問いかけを繰り返して、多くのKPI候補を抽出することができる。うまくいっている状態だけではなく、うまくいっていない状態について検討することで、より広範囲にわたってKPIを検討でき、抜けもれがなくなる。

第3章　会社・銀行・コンサルタント──三者一体の共通価値創造　127

図表3－3　うまくいっている、うまくいっていない法
例：生産管理活動の〈うまくいっている、うまくいっている、うまくいっていない〉状態をKPIで示す

うまくいっている状態	うまくいっていない状態	多くの指標	最適なKPI
・生産計画どおりに生産が行われている ・イレギュラーな残業がない ・製品別の在庫が決められた適正水準内である ・工場内の部品在庫が適正水準内である ・仕入部品の不良がゼロである ・製造費が予定どおり10%低減している ・生産管理部門の残業がゼロ ・納入部品の品質不良がない ・製造品質不良がない ・不良率が低い	・生産遅れが生じている ・生産ライン上で不具合が発生しラインが止まる ・月次の生産バランスが崩れ、残業、手待ちが生じている ・製品別の在庫が適正水準を超えている ・部品倉庫に設計変更による不動在庫が溜まっている ・仕入部品不良によってラインが止まる ・製造費が高止まりしたままで、原価低減が進まない ・納期対応、生産計画変更で管理部門の残業が多い ・品質不良が多発している ・品質不良の恒久処理に時間がかかる	・生産計画遵守率 ・ライン稼働率 ・ライントラブル停止率 ・時間外操業度 ・時間外手当 ・生産台数／時間 ・組立工数／台 ・車種別在庫日数 ・不動在庫率 ・製造費／台 ・原価低減率 ・管理部門残業時間／人 ・品質不良金額 ・納入不良率 ・製造不良率 ・恒久処理日数	・生産計画遵守率 ・製造費／台 ・品質不良金額

この双方向からの問いかけの結果、抽出されたKPI候補のなかから最適なKPIを設定する。

図表3－3の「多くの指標」列は双方向からの問いかけの結果、抽出されたKPI候補であり、これをすべてKPIとして採用するには数が多過ぎる。そこで、この「多くの指標」のなかから指標間の因果関係を考えながら、最適なKPIを設定する。実際に設定したKPIの値が悪化した場合、KPIが悪化した原因を「多くの指標」のなかから見出すことによって改善対象が明確になり、継続的改善に役立つ。

この手法の良いところは、KPIを抽出して設定しようとする活動自体に、すでに改善のための討議や共通認識の醸成活動が含まれていることである。抽出されたKPIをあらためて関係者に説明する必要がない。

「人は評価されるように動く」。これがKPIの重要性を物語るキーワードである。最初は抵抗していても、流れができてしまうと先行する部門が出てくる。それを高く評価することによって、いままで懐疑的であった部門も先行部門に追いつこうとする。組織を動かすためには、適切なKPIの設定と運用が重要である。

⑸ 経営は相反する指標のセット

お客様とKPIの議論になると、方針をはっきりしてくれという声があがってくる。「売上よりも利益といいながら、受注が減ると途端に売上増進という。どちらかはっきりしてくれな

いと営業活動ができない」「多品種少量でも儲かる生産方式を
つくれというが、生産ロットが小さくなれば生産性が落ちるの
は当たり前だ」などである。KPIとして売上を採用するのか、
粗利益を採用するのかはっきりしてくれというのである。

　答えは簡単である。どちらも重要で、どちらか一方をみてい
るだけでは経営はできない。売上だけを目指すなら単価を下げ
て、目の前の受注をことごとく落札すればよい。それならば営
業は要らない。強い営業とは、売上も利益も確保する部隊であ
る。同じように製造部門なら、「良い品を、安く、早く」つく
るのは当たり前のことである。

　このように経営は「相反する指標のセット」で評価すること
が重要である。相反する指標のセットを追求し、成果をあげる
ためには、企業内での部門間連携ができていないと実現できな
い。

(6)　戦略マップで戦略（勝ち方）を可視化する

　戦略を可視化する手法に、BSC（Balanced Score Card：バラ
ンスト・スコアカード）を使った戦略マップがある。図表3－
4は、戦略マップを模式的に示したものである。ここに書いて
ある取組みテーマやKPIは、管理会計からの分析やSWOT分
析による戦略立案により設定されたものである。つまり、戦略
マップは立案された取組みテーマや改善数値を概観して戦略を
可視化する手法であり、戦略を立案する手法ではない。

　BSCによる戦略マップは、財務的成果をあげるために必要

図表3－4　BSCによる戦略マップ

財務

営業利益の向上
営業利益率：10%

戦略1：納期遵守・品質向上による売上の増大
売上の増大
・売上高の伸長率：10%

売上高製造原価率の低減

製造原価費率の低減：5%

戦略3：不稼働損・超過稼働損の最小化による製造原価の低減

戦略2：設備稼働率向上による製造原価の低減

製造原価低減
製造費率：△10%　材料費率：△5%

顧客

納期遵守・品質向上

品質向上
クレーム：1件／月以下

欠品の防止
欠品件数：0件／月

生産計画達成率の向上
指図件数比率：5%／月以下

PM（予防保全）の実施
可動率：98%以上

品質管理の徹底
・不良率：0.1%以下

ビジネスプロセス

設備稼働率向上
稼働率：95%

加工サイクルタイムの短縮
能率：10%向上　歩留り率：99.5%

段取時間の短縮
平均段取時間：15分以内

不稼働損・超過稼働損の最小化

不稼働損・超過稼働損率：10%以下
総労働時間比率

月次で適正な配置の実施
直接人員の100%に適用

最適な人員配置
能率標準の設定と能力・負荷計画
多能工化率：20%

学習と成長

継続的改善活動の組織的展開
品質改善報告：3件／月
安全改善件数：3件／月

「意見よりもデータ」
科学的改善手法の教育・訓練
外部コンサルタントによる改善指導
改善テーマの設定と改善の推進

な実行施策を「財務の視点・顧客の視点・ビジネスプロセスの視点・学習と成長の視点」の4階層で表現する。そして、それぞれについてKPIを設定して、PDCA（Plan − Do − Check − Action）を回すことによって成果をあげる。BSCを使って戦略を可視化するには、同手法のいくつかの特徴を理解する必要がある。

① 戦略は縦のくくりで定義される

　　関連する手段を相互に矢印（因果関係または相関関係）でつなぐと、矢印はあらゆる方向に交差してしまう。それでは戦略がストーリーにならない。そこで、戦略マップでは縦のくくりでストーリーが説明できるように関連する打ち手を縦に並べるようにする。図表3−4では例として、3つの戦略を示している。

戦略1：納期遵守・品質向上による売上の増大

戦略2：設備稼働率向上による製造原価の低減

戦略3：不稼働損・超過稼働損の最小化による製造原価の低減

② 下から上に時間が流れる

　　戦略マップは下から上へ、「良い人材が、良い仕事をして、良い製品とサービスを提供する」という具合に表現されている。良い人材を育成するにも、良い仕事（プロセス）を実行するにも時間がかかる。成果をあげるためには「学習と成長」、つまり、人材や組織、情報システムなどの仕組みを整えて、プロセスを改善し、顧客サービスを改善していくこ

とが必要になる。欧米、特にアメリカのように、適材が社内になければ外部から調達すればよいというわけにはいかない。したがって、日本では、まず足元の出血を防ぎロスを最小限にする、次に月次を黒字化するといった段階的な取組みが求められる。月次を黒字にして一息つかなければ、次のステップに進めない。

BSCによる戦略マップがTQCやTPMなど多くの日本企業で採用されている経営改善手法と一線を画しているのは、「財務的成果をあげる」ことを目的にしている点である。現場の改善を積み重ねれば自動的に財務的成果が得られるわけではないから、BSCによる戦略マップは経営層のマネジメント手法であり、TQCやTPMなどの現場の継続的な改善活動と補完し合って大きな成果をあげるものである。

西鉄ライオンズの監督で鉄腕稲尾といわれた稲尾和久氏は「アマチュアは和して勝つ、プロは勝って和す」といった。恩師である三原監督の言葉だそうである。プロの世界は結果がすべてである。財務的な成果だけが企業の目的ではないが、それなくしてビジネスで勝ったとはいえない。

第3章　会社・銀行・コンサルタント——三者一体の共通価値創造　133

5 走り始める、 走り続ける

(1) 走り始めるには実行計画書が必要

　コンサルタントを長年やってきてつくづく思うのは、「戦略よりも実行」ということである。実行できなかったら、戦略を策定した意味がない。実行を確かなものにするために、実行計画書をつくる。実行計画書には目的とゴールイメージが欠かせない。図表3－5は私が大手の製造業で業務改革プロジェクトを支援していたときに、お客様が作成した実行計画書のフォーマットである。

　私はこのフォーマットが気に入っていて、その後も別のお客様に紹介して使ってもらっている。この計画書で重要なことがいくつかある。

　「1．目的」の項目には「達成できた状態」の欄がある。実際に実行計画書をつくってみると、テーマや目標は書けるが、「達成できた状態」を書くのがむずかしいことがわかった。「達成できた状態」として、たとえば、成型不良が減ったとか、段取り時間が短縮できたと書く場合が多い。しかし、図表3－5のように、

① 継続的改善のサイクルが月次で回り、継続的に成果があがっている

134　第Ⅰ部　経営改善事例で考える共通価値創造

② 改善活動を通して職場のメンバー間のコミュニケーションが活発に行われている

③ メンバー全員がデータを使い、データで説明し、データで成果を報告できる

という具合に書くと、「達成できた状態」は職場のリーダーやメンバーにとって実務に即したイメージしやすいものになる。

「2．推進体制」では、「懸念される障害と対策」の項目が特徴的である。どのような取組みでも最も重要なことは、お金や人というリソースを何に使うかである。たとえば、図表3－5では、繁忙期で残業が増加して改善活動ができないことが懸念されている。その懸念に対して、繁忙期には足元の仕事に注力し、改善活動の時間は減ってもよいことを最初から示しておくことは大事である。

「3．スケジュール」「4．費用」について特筆すべきものはないが、目的に従って改善活動を月次で繰り返すことによって最終的には改善活動が定着することを明確にしている。また、リソースの1つである費用については事前の予算どりが重要であるので、取組みの開始時にわかる範囲で予算計上することが大事である。

⑵　走り続けるには定期的な進捗会議が欠かせない

　私は製造業の業績改善を推進するにあたり、月次の業績会議の活性化を重要な取組みとしてお客様に提案している。多くの会社が月次の業績会議を開催しているが、マンネリ化している

図表3-5　実行計画書

1．目的	何のために	成型不良の低減と段取り時間の短縮で稼働時間当りの出来高を30％向上する
	何をするか ・テーマ ・目標	1．成型不良の低減 ①平均不良率　1％　➡　0.1％ ②不良低減による原価改善　△1,000万円 2．段取り時間の短縮 ①平均型替え時間　15分➡10分以内 ②平均段取り替え時間（色替え・型替え）　40分➡20分以内
	達成できた状態	①継続的改善のサイクルが月次で回り、継続的に成果があがっている ②改善活動を通して職場のメンバー間のコミュニケーションが活発に行われている ③メンバー全員がデータを使い、データで説明し、データで成果を報告できる
2．推進体制	人材要件	①成型課の運営責任 ②号機ごとの運転および技術に精通した人 ③日別・号機別計画作成
	懸念される障害と対策	①繁忙期における、残業の増加による改善活動の停滞 ➡無理をせずに、繁忙期は改善活動の頻度を下げる ②改善の実施における設備メンテナンス費用や投資の承認可否 ➡取組みの開始時に一定の予算を計上する ③データ収集における作業者の協力 ➡その意義を担当役員から説明し、方針として掲げる
	プロジェクト体制	①担当役員：○○ ②責任者：製造部　○○部長 ③リーダー：成型課　○○課長　および　各号機ごとの主任 ④生産管理：計画課　○○主任

136　第Ⅰ部　経営改善事例で考える共通価値創造

3．スケジュール

実施項目	ゴール	3月	4月	5月	6月	7月	8月	9月
1．推進体制の決定・通知	3月完了	▰▸						
2．詳細計画策定・キックオフ	4月完了		▰▸					
3．成型不良の低減								
①詳細フォーマットによる現状不良データの収集	5月開始			▰▰▰▰▰▰▰▰				
②毎月、不良率のワースト品目を魚の骨で分析し対策することによって対象品目の不良率を低減する	6月開始				▰▰▰▰▰▰▸			
③上記①②を繰り返し、継続的改善を定着する	6月開始				▰▰▰▰▰▰▸			
4．段取り時間の短縮								
①号機別にタイムスタディを行い、段取り標準を設定する	5月開始 8月完了			▰▰▰▰▰▰▸				
②毎日、号機別段取り時間（実績）を測定し標	5月開始							

4．費用　（単位：千円）

項目	4月〜9月	10月〜3月
①時間外での検討会の実施（時間外手当）	50万円	50万円
②計画外のメンテナンスコスト	100万円	100万円
③その他（予備）	50万円	50万円

場合が多い。それは、前月の実績報告に終わっているからである。実績はいまではシステムから出力されるので、みようと思えば業績会議の前に共有することができる。大事なことは、すんだことの報告ではなく、今月はどうなるのか、来月の見込みはどうかを共有し、未来に向けて打ち手を考えることである。

(3) 実行過程では「受け手の力量」で投げる

キャッチボールを考えてみよう。プロ野球の投手が投げて、私が受ける。剛速球を投げられたら、私はそれを受けることができない。私の実力にあわせて投げてくれれば、キャッチボールは成り立つ。企業のなかで行われるコミュニケーションも同じである。

ほとんどの企業で、経営者は「なぜ私のいっていることが理解できないのか！」といい、部下は方針があいまいで末端に浸透しないと反論する。一方で経営者の考えが末端まで浸透して、全社一丸という感じの会社がある。このような会社の特徴は、経営者が営業・生産・開発の現場に足を運んでいることである。現場に足を運び、何をすべきか、どのようにすべきかを繰り返し問いかけ、実行を促し、徹底してフォローしている。

経営者の最大の関心事は最終的には利益である。実際に赤字が続いて資金繰りに奔走する経験をした経営者なら、心の底から納得するだろう。利益をあげるために売上をあげ、原価低減に力を注ぎ、製品やサービスの開発を促す。原価低減をいくら叫んでも、それだけでは原価は下がらない。たとえば、図表

3-6に示すように、設備1台当りの原価を200万円下げようとすると、設備稼働率を60％から65％に上げなければならない。

しかし、この計算は現場ではわからない。一方、現場では設備稼働率を5％上げるための施策はわかる。不良率を低減し、予防保全の実施で稼働率を上げる。さらには、小ロット生産のなかで段取り時間を20分から10分に半減することによって設備稼働率を上げることができる。経営目標を現場の活動に結びつけることによって現場の活動が経営成果と直結し、成果があがる取組みをすることができる。

経営の成果を現場の活動と結びつけることができれば、現場

図表3-6　経営成果と現場の活動を結びつける

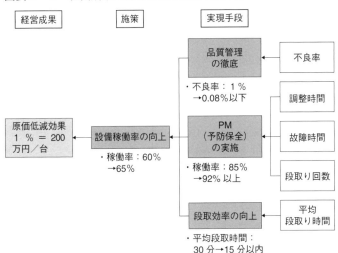

もねらいが明確になり、活気が出る。そして、実行すれば成果を確認できる。経営者と現場は、このようにお互いに理解できる言葉でキャッチボールすることによって、協働して成果をあげることができる。部門間の課題解決も同じである。営業部門と製造部門がお互いに相手が受け止められる球を投げることによって、協力して大きな経営成果をあげることができる。

(4) 「走り続ける」から、さらなる改善が生まれる

戦略を実行していると、新たな問題が出てくる。それは当たり前であり、その問題を解決しながら前に進めばよい。一方、問題解決のために関係者で討議を重ねたり、実際に成果があがりだしたりすると、新たな取組みや解決策のアイディアが生まれる場合がある。この"後から出てくるアイディア"が当初の計画になかった予期せぬ成果を生み出すことが多い。最初からすべてがみえていたり、頭で考えて出てきたりするものではない。

たとえば、カーツ社の事例で、平準化生産によって年間1.3億円の利益を生み出すということは最初から計画化された戦略だった。しかし、実際に平準化生産に取り組んでみると、人員を減らすことによって追加的に0.8億円のコストダウンが可能になるということがみえてきた。その後、それは計画化された戦略になったのである。

さらに、月次の経営会議で取組みの成果が経営幹部の間で共有されることによって、購買部門など生産部門以外の部門もコ

ストダウン目標を設定し、そのネタを探し始めた。その結果、会社全体で目標以上のコストダウンを達成したのである。

　このように、カーツ社の年間4.9億円にのぼるコストダウンという経営成果は当初からみえていたものではない。改善活動のなかから生まれるアイディアを戦略として意思決定し、実行する活動の繰り返しの結果、もたらされたものである。

　では、すべての会社において改善活動のなかからさらなる改善が生まれるのか。私の経験では、間違いなくさらなる改善が生まれて予期しない経営成果があがると言い切れる。そのためには、改善余地を具体的に数値で示し、その活動と成果を経営幹部が共有することが必要である。情報共有から多くを学ぶ経営幹部は、自部署の目標をより高く設定し、より高い成果を得るようになるのである。

　また、少し業績が改善したからといって息を抜いてはいけない。早く業績を改善させて銀行の縛りから逃れたいと考える経営者は、改善の繰り返しから生まれる戦略の成果を得ることはできない。

　継続的改善や継続的改善のなかから出てくるアイディアは大きな成果を生む。だから、銀行と会社は情報断絶に陥ることなく、協力して継続的改善とアイディアの創発に取り組むことが大事である。

第3章　会社・銀行・コンサルタント──三者一体の共通価値創造　141

製造業の業績改善の考え方と手法

第 **4** 章 測定できないものは、
改善できない

コンサルタントは銀行員や企業の経営者と異なり、業績改善を必要とする企業と利害関係をもつ当事者ではない。だからこそ、専門家としての力量、誠実さが問われる。製造業における"ものづくり"はきわめて科学的な分野である。したがって、科学的アプローチで仮説と検証を繰り返す仕組みができれば改善が進む。科学的なアプローチとは、「意見よりもデータ」である。声の大きい先輩の意見がまかり通る製造業では改善が進まないし、何よりも若手が育たない。本章では、私の経験から生まれた製造業の業績改善の土台である「3つの希少資源」と「3つのものづくり」について紹介する。

1 3つの希少資源（稼働率、能率、良品率）で経営成果をあげる

(1) 3つの希少資源が業績改善の切り札

　皆さんは、製造の3原則をご存知だろうか。製造の3原則とは、「良い品を、安く、早く」の3つを指す。時々製造業の役員室や会議室などに、この製造の3原則を記載した額がかかっていることがある。しかし、経営者に「ところで、「良い品を、安く、早く」をどのような指標で確認し改善をしているのですか」と質問すると答えられない。それでは、製造の3原則はスローガンにすぎないということになる。

　私はこの製造の3原則を以下のとおり簡潔に定義することによって、多くの企業の業績改善を支援してきた。

　図表4－1をみてほしい。

・良い品は不良率（ロス率、逆は良品率、歩留り率）で測定する。

・安くは稼働率（後で述べるが、操業度も重要な指標）で測定する。

・早くは能率で測定する。

　そして稼働率、能率、歩留り率を3つの希少資源と名づけた。

　製造業には、市場品質、設計品質、製造品質の3つの品質がある。市場品質とは、市場で受け入れられる品質である。設計

第4章　測定できないものは、改善できない　147

図表4－1　稼働率、能率、良品率で経営成果をあげる

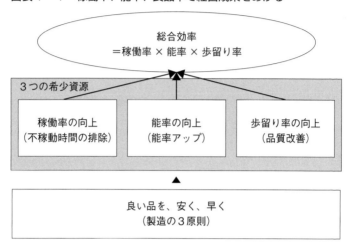

品質とは、その市場品質の製品を設計図面や仕様書に具体化したものである。製造品質とは、その設計図面や仕様書どおりに製造することである。

製造部門のいちばんの役割は、設計品質に基づいて製造することにある。市場品質が市場や顧客のニーズにあわなければ、それを具体化した設計図面や仕様書をつくり、そのとおりに製品を製造しても売れない。

しかし、製造部門は土地や建物、設備機械、水やガスなどのユーティリティ資産、そして社内でいちばん多い社員・パート・アルバイトの人材を有している。つまり、社内で最も多くのお金を使っている。この製造部門が良い品を、安く、早くつくることができなければ、製造業としての競争力は成り立た

い。

　３つの希少資源のかけ算を総合効率という。

　例を示して考えてみよう。A社とB社があるとしよう。A社の稼働率、能率、良品率がそれぞれ100％、100％、100％で完璧だとする。それに対してB社は稼働率が87.5％、能率が91％、良品率が98％だとする。B社はそれぞれの項目で、少しずつ問題を抱えているようだ。この３つの指標を掛け算した指標が総合効率である。

　総合効率＝稼働率×能率×歩留り率

　A社の総合効率＝1.0×1.0×1.0＝1.0

　B社の総合効率＝0.90×0.91×0.98＝0.80

　B社はA社に対して80％の効率しかないということになる。A社、B社ともに製造費総額を１億円だとすると、A社はその製造費を100％活用して製品をつくっている。一方、B社は80％しか活用していない。A社が100個の製品をつくるところを、B社は80個しかつくれないということになる。１個当りの製造費は、次のようになる。

　A社の１個当りの製造費：１億円／100＝10万円

　B社の１個当りの製造費：１億円／80＝12.5万円

　B社はA社よりも2.5万円（25％）も製造費が高い。これでは勝負にならない。B社がなすべきことは、稼動率、能率、良品率で測られる希少資源の活用度を引き上げるように努力することである。

　しかし、ここで問題が発生する。このように比較すれば、明

第４章　測定できないものは、改善できない　149

らかにＢ社の競争力は低いから、社長も製造部の管理者も一般社員も「これでは勝負にならない。もっと改善しなければならない」と必死になって改善に取り組むはずだ。ところが、実際にはＡ社の効率が100％であることはＢ社にはわからない。

　そこで、Ｂ社の経営者は「当社の稼働率、能率、良品率は良い数値である。皆よく頑張っている」と考えたとすると、何も問題はないということになって、改善活動は前に進まないことになる。一方、Ａ社は「われわれの改善活動はまだ甘い。目標を掲げてもっと改善、改革を推進しよう」と考えたとすると、Ａ社とＢ社の差は開くばかりで、10年たって振り返ってみれば、Ａ社は隆々と成長し、Ｂ社は赤字が続く厳しい経営状態になっているだろう。

　結論は、「自社の稼働率、能率、良品率のデータをとって、それをもとにして高い目標を掲げて継続的改善を繰り返す」仕組みを社内につくりあげることが大事だということになる。

(2)　稼働率を上げる

　製造業の１日を考えてみよう。朝８時から夕方17時までの９時間が就業時間である。実際は昼休みや午後の小休憩などを含めて１時間の休憩時間があるので、従業員が働く時間は８時間になる。しかし、設備機械は昼休みも交代で稼働しているとして、機械設備の操業時間は９時間としよう。

　図表４−２をみてほしい。操業時間は、労働基準局に提出している始業から終業までの定時の操業時間である。この操業時

図表4－2　操業時間と稼働時間

1日の操業時間（9時間）		

操業計画時間（負荷時間）		操業計画外時間

稼働時間	停止ロスA

間中にはいろいろなことがある。たとえば、会議、正規の休憩、計画保全、生産調整による計画停止など、計画的に操業計画から外した時間がある。この時間も実際には競争力の源になる時間だ。操業計画外時間が多ければ、その分コストは上がるということになる。

　また、操業中でも以下のような停止ロスがある。

・停止ロスA……故障ロス、段取り調整ロス、刃具交換ロス、
　　　　　　　立ち上がりロスなど

・停止ロスB……チョコ停（短時間の繰り返し発生する停止）ロ
　　　　　　　ス、速度低下ロスなど

　実際にはこのように、操業と稼働にかかわる時間を記録して改善活動をするのだが、ここでは停止ロスAのみを停止ロスとして考えよう。そうすると、以下の2つの指標が重要になる。

　　操業度＝操業計画時間／1日の操業時間

　　稼働率＝稼働時間／操業計画時間

　実際にいくつかのケースで操業度と稼働率を計算してみよう。面倒なようだが、理解するには実際に計算してみるのがい

第4章　測定できないものは、改善できない　151

ちばん良い方法なので、お付き合いいただきたい。

図表4－3をみてほしい。実際に工場で日常的に発生している操業と稼働の関係を4つのパターンで示している。

a　定時作業の場合

操業時間内で、準備作業に15分、トラブルによる停止時間が30分、段取り替え時間が15分の合計で不稼働時間が1時間ある

図表4－3　操業度と稼働率

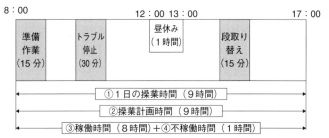

ので、

操業度＝操業計画時間②／１日の操業時間①＝９時間／９時間＝100%

稼働率＝稼働時間③／操業計画時間②＝８時間／９時間＝89%

になる。

b 時間外作業（２時間）がある場合

仕事量が多く、２時間の時間外作業をした場合である。２時間の時間外作業があっても、準備作業、トラブルによる停止時間、段取り時間は変わらず合計で１時間なので、

操業度＝操業計画時間②／１日の操業時間①＝11時間／９時間＝122%

稼働率＝稼働時間③／操業計画時間②＝10時間／11時間＝91%

になる。製造固定費は定時作業の場合と同じで、操業時間が２時間増えても、その増えた時間のコストは残業代などの増分のみである。一方、生産する製品は時間に応じて増えているはずだから、図表４−３(1)の定時作業の場合に比べて利益があがる状態であることは容易に理解できる。

c 計画停止（２時間）がある場合

仕事量が少なく、２時間の計画停止をした場合である。17時の定時まで作業するだけの作業量がなく、15時で設備機械を停止し、従業員は掃除やメンテナンスなどをした場合を想定してほしい。

第４章　測定できないものは、改善できない　153

操業度＝操業計画時間②／１日の操業時間①＝７時間／９時間＝78％

稼働率＝稼働時間③／操業計画時間②＝６時間／７時間＝86％

定時内での製造費（労務費や経費）は変わらないのに、２時間は稼働せず、製品を生産していないから、図表４－３(1)に比べて儲からない状態であることは容易に理解できる。

しかし、多くの会社ではこの不稼働時間（２時間）が計測されていない。不稼働の２時間にはすべての製造費（労務費や経費）が含まれている。不稼働であっても労務費は支払われるし、減価償却費や電気代などの経費もかかる。それだけ大きい問題であるにもかかわらず、残業など時間外労働にかかる費用（残業代など）ほど大きな問題にならないのは不思議なことである。その原因は以下のようなものだろう。

・会社が測定する手段をもたず、みえないコストになっている。

・仕事量が少ないことはわかっているが、対策がないので、みてみぬふりをする状態になっている。

カーツ社では、不稼働損の改善余地が年間１億円あると計算された。すべての製造業にとって、操業度と稼働率から計算される不稼働損は最も大きな改善余地なのである。

この不稼働損の解消には３つの方法がある。１つは、日別平準化生産である。カーツ社のように、平準化生産や受注変動に応じた操業カレンダーによって市場の需要と生産力をバランス

させ、不稼働損を最小にする。もう一つは、「操業は営業」という考え方である。設備機械や労働力が余っているわけだから、営業部門はそれを埋めるべく受注を増やさなければならない。不稼働損は営業責任という考え方だ。最後に、「製造能力を落とす」ことが考えられる。受注量に見合った製造能力まで設備や労働力を削減するということだ。

d　設備トラブルで２時間の時間外作業をした場合

　順調に生産していたが、途中で設備トラブルが発生して、その修理に15〜17時の２時間を費やし、その間は生産を停止した。17時で終業時間になったが、当日中に生産する必要があったので、17〜19時の２時間の時間外作業をした。

　　操業度＝操業計画時間②／１日の操業時間①＝11時間／９時間＝122％

　　稼働率＝稼働時間③／操業計画時間②＝８時間／11時間＝73％

　このケースは最悪だ。先ほど「操業は営業」といったが、この場合は設備トラブルによって操業度が122％と上がってしまった。儲かる指標であるはずの操業度の向上が逆に損失の原因になっている。その結果、稼働率は73％と極端に低くなっている。いくら長い時間操業しても、稼働率が低ければ、コストだけかかって製品が生産できていないということになる。

　社内では設備トラブルによる不稼働は２時間と報告されるだろうが、実際にはそのリカバリーのために時間外作業が行われており、そのための追加的なコストが発生している。メンテナ

第4章　測定できないものは、改善できない　155

ンスなどの継続的な改善で、不稼働の発生を最小限にしなければならない。

(3)　能率の物差しをつくる

　皆さんは、生産性、効率、能率という3つの言葉をどのように使い分けているだろうか。生産性が低い、生産性を上げようとか、もっと効率良く仕事をしようなどという。また、同じく能率が低いとか、もっと能率良く仕事をしようなどという。私がセミナーやコンサルティングの場面で質問しても、うまく答えることができる人はほとんどいない。ほとんどの製造業の企業も、この3つの言葉を区別せずに使っているようだ。同じような言葉だが、実は大きな違いがある。そして、私が3つの希少資源として生産性や効率ではなく能率といっているのには意味がある。生産性や効率ではだめなのだ。

　生産性とは、

　　　A／B＝生産数／人、出来高／時間、処理量／設備、売上
　　　／営業マン

といった指標である。つまり、生産性では、分母と分子の次元（ディメンジョン）が異なる。

　これに対して、効率とは、

　　　A′／A＝電気に変換されたエネルギー／パネル当りの太
　　　陽エネルギー、プロペラによる推力エネルギー／エンジン
　　　から伝わった軸の回転エネルギー

などである。つまり、効率では、分母と分子の次元（ディメン

ジョン）が同じである。太陽から降り注ぐ太陽エネルギーは、ジュールというエネルギー単位で測定される。太陽光パネルは、そのエネルギーを電気エネルギーに変換する。電気エネルギーも同じくジュールで表される。その変換効率は最近の成果でも20％前後のようだ。分母がインプットで分子がアウトプットであることは、生産性の場合と同じである。

　最後に能率は、標準値に対する実際の出来高の比率である。たとえば、１分当り100個の部品をつくる機械があるとしよう。その「100個／分」の値を能率標準にする。これが大事だ。組織として、生産性の基準になる値を能率標準として決めるわけである。その決めた能率標準に対して、実際の生産量が１分当り110個であれば、能率は110％（1.1倍）ということになる。逆に１分当りの出来高が90個であれば、能率は90％（0.9倍）ということになる。つまり、能率標準を決めないと、能率を語ることはできないということになる。

　この組織が決めた能率の標準値、すなわち能率標準が計画や評価の基礎になる。たとえば、「１分当り100個」を能率標準にすることによって、翌日の生産予定数が5,000個であれば、着手から完了までに50分かかるという計画を立てることができる。このようにすべての製品の能率標準を決めれば、翌日の生産予定から号機別（設備別）に着手と完了時間が設定できる。決定した能率標準を守ることが組織の目標になり、良くできた、うまくできなかったという評価の基準になる。そして、改善活動の結果、生産性が上がれば、能率標準を改定して一段上

の能率標準で生産活動を行うことになる。

カーツ社では、すべての製品について、工程ごとに能率標準を設定して管理していた。したがって、保有能力と負荷を計算することができたし、不稼働損を計算し、改善余地を見積もることができたのだ。能率標準を設定し能率を改善する手法は、業績改善を求めるあらゆる製造業にとって必須の取組みといえる。

(4) 不良撲滅で経営資源の無駄をなくす

「良い品を、安く、早く」を製造の3原則というが、このなかで最も大事なのは良い品（品質）である。安くつくれば良い品ができるか。否である。早くつくれば良い品ができるか。これも否である。しかし、良い品をつくれば結果として安く、早くつくることができる。ものづくりにおいては何よりも、良い品（品質）をつくることが前提条件である。

1分間に120個つくっても、そのうちの20個が不良品なら、生産性の分子は良品数の100個（120－20）であるが、（能率標準で計測すると）投入した時間は不良品の製造を含めて120個つくるために1.2分を要しているのである。能率標準は良品をつくるスピードを示しているので、分子は良品数の100個であり、分母はその良品数をつくるのに要した1.2分だから能率は83％（100個／1.2分）である。

図表4－4は、不良率だけでは経営への影響を正しく測定することはできないことを示している。原材料（100円）を投入

158　第Ⅱ部　製造業の業績改善の考え方と手法

図表４－４　後工程で不良が発生すると損失はより大きくなる

して工程１の旋盤加工を行うと、その製造費配賦額（50円）が加算されて、製造原価は150円になる。工程２の溶接作業を行うと、その製造費配賦額（30円）が加算されて製造原価は180円になる。さらに工程３の熱処理を行うと、製造費配賦額（20円）が加算されて製造原価は200円になる。最終工程の工程４の仕上げ作業を行うと、製造費配賦額（10円）が加算されて製造原価は210円になる。

最初の旋盤加工で１個不良になれば、製造原価の150円が廃棄になるが、最終工程まで進んだ製品を工程４の仕上げ作業で不良にすると製造原価の210円が廃棄になる。つまり、後工程

第４章　測定できないものは、改善できない　159

になるほど、それまでにかかった製造費が加算されていくので不良による損失金額はふくらんでいくのである。

　この当たり前のことが、実際には「測定されていない」のである。高度成長期には、原価計算をしている暇があれば、改善を積み重ねて生産活動をしたほうがよいという考えの会社があったのは事実である。しかし、それは「良いことをすれば良い結果が出る」時代のことであり、成長が止まり、生産量が減少しているなかでのものづくりは、もっと精緻で科学的でなければ生き残れないのである。

　だから、私はまず3つの希少資源（稼働率、能率、良品率）を測定して、データに基づいて議論し、改善策を見出すことが必要だと提唱している。実は3つの希少資源をデータ化すれば、原価計算は容易にできるのである。逆に3つの希少資源をデータ化しない会社が原価管理をしている（正しくは製品別原価管理）というのは間違いである。原価計算は3つの希少資源データを使って計算するのだから、原価計算のためには3つの希少資源データの取得と管理が必須である。

2 ものづくりの3形態（機械がつくる、人がつくる、人と機械がつくる）で管理する

(1) 3つのものづくり

　3つの希少資源（稼働率、能率、良品率）のデータをとって、科学的に改善を進めるといったが、それでは何の稼働率を測定すればいいのか。能率標準は何を対象に決めればよいか。不良率（逆は良品率）は何に対してデータをとればよいのだろうか。業績改善を指導するなかで、多くの会社が間違ったデータとりをしていることに気づいた。

　ある会社の自動化された塗装工程を考えよう。塗装職場にワーク（部品などの生産対象品）が運ばれてくると、1人の作業者が順にワークをハンガーにかける。塗装ロボットは吊るされたワークの間を移動して、所定の位置に来ると塗装作業を行う。その後でワークはトンネル型の乾燥機のなかに入り、乾燥して出てくる仕組みである。トンネルから出てきたワークは、同じく1人の作業者によって車台に整列させられて次工程に移動する。

　この塗装職場では、「作業者日報」を書いている。それぞれの作業者が何時から何時まで何の作業をしたか、作業者の作業実績を書いているのである。一見すると何の問題もないようだが、これこそが大きな間違いなのである。

第4章　測定できないものは、改善できない　161

この塗装職場では、塗装をするのは塗装ロボットと乾燥機であって、作業者はワークの上げ下ろしをしているだけだ。つまり、塗装という機能は機械が担っているのである。1日当りの生産量を増やそうとすれば、朝一番から塗装ロボットと乾燥機を稼働させ、昼の時間も交代で連続して稼働させれば生産量は上がるのである。

また、この塗装職場の能率を上げる（たとえば、1時間当りの生産量を増やす）ためには、2人の作業者が一生懸命に働いても意味がない。塗装ロボットのスピードを上げ、乾燥機の乾燥スピードを上げれば、そして、すべてのハンガーに隙間なくワークが着いていれば、能率は上がるのである。

つまり、この職場の製品は機械（塗装ロボット＋乾燥機）がつくっているのであって、人はその補助をしているのである。だから、3つの希少資源（稼働率、能率、良品率）は機械（塗装ロボット＋乾燥機）ごとにデータをとる必要があり、作業者単位でデータをとっても意味がないのである。

1人の作業者が2つの機械（塗装ロボット＋乾燥機）を担当している場合を考えてみよう。生産予定数が少なくて1号機は終日稼働しているが、2号機は午前中で休止したとしよう。ほしいのは1号機、2号機それぞれの生産数と、その稼働率、能率、良品率のデータである。作業者について3つの希少資源データをとっても、何の意味もない。

しかし、多くの会社では機械がものづくりを行っている場合でも、作業者ごとに生産実績を測定している。それは、設備を

導入する前は、たとえば10人の作業者がスプレーガンを使って人手で塗装をしていたからである。その時には能率を上げようとすれば、一人ひとりのスキルを高めて、時間当りもっと多くの塗装をする必要があった。ものづくりの形態は投資によって変わってしまったのに、管理方法は変わっていない。それではデータは業績改善にも、原価計算にも役に立たない。

　私は多くの会社の製造現場をみるうちに、ものづくりには３つの形態があることに気づいた。「機械がつくる」「人がつくる」「人と機械がつくる」の３つである。

(2)　「機械がつくる」ものづくり

　機械がつくるものづくりは塗装職場の例で示したが、もっと機械化された職場はたくさんある。

　図表４－５は、10台の射出成形機を２人の作業者で動かして部品をつくる作業における能率標準と実際の数値を示している。射出成形機には取り出しロボットがついており、一度段取りをすると後は連続して生産することができる。したがって、稼働中に作業者の１人が所用で職場を離れても生産は問題なく進行する。２人目の作業者が同じく所用で職場を離れたとしても同様である。それは、この職場が「機械がつくる」職場だからである。作業者は各機械を監視し、時々生産されたワークの品質を確認するだけだ。生産が終了して段取り替えをするときには、２人の作業者は職場に帰り、段取り作業をする。つまり、作業者２名は機械が順調に生産するように支援作業をして

第４章　測定できないものは、改善できない　163

図表 4 − 5　機械がつくる（射出成形の例）

	標準	ケース 1 （不良の発生）	ケース 2 （止め穴の場合）
金型の取り数（個）	8	8	6
サイクルタイム（秒）	30.0	30.0	30.0
歩留り率	1.0	0.8	1.0
能力（個／分）	16.0	12.8	12
能率（％）	100.0	80.0	75.0

いるのである。

　図表 4 − 5 では、 2 つのケースを示している。能率標準は金型の取り数（ 1 回の成型で何個の部品が生産されるか）で 8 個、サイクルタイム（ 1 回の成形時間）で30.0秒である。歩留り率（良品率）は1.0（100％）である。そうすると、 1 分間に 2 回成形して、それぞれ良品が 8 個とれるので、成形能力は 1 分間に16個である。これを能率標準とする。

a　ケース 1 ：不良の発生の場合

　金型の取り数やサイクルタイムは同じであるが、不良が発生して歩留り率が0.8（80％）の場合である。 1 分当りの良品出来高は12.8個（16×0.8＝12.8）であり、能率は80％になる。

b　ケース 2 ：止め穴の場合

　不良の発生が金型の特定の場所に集中していて修理では直らない場合に、その特定の場所の穴を塞いでしまう。それを止め穴という。ここでは、 2 つの穴を塞いで 6 個取りにした場合を

164　第Ⅱ部　製造業の業績改善の考え方と手法

示している。この時には1回のサイクルタイムで6個しかとれ
ないので、1分当りの能力は12個である。したがって、能率は
75%（12÷18＝0.75）である。

　以上のいずれの場合も、作業者に「なぜ能率が上がらないの
か！」と詰問しても意味がない。成形条件を変更したり金型不
良を直さない限り、だれが生産しても能率は上がらないのであ
る。それは「機械がつくる」工程だからである。

　そして、機械がつくる工程では3つの希少資源（稼働率、能
率、良品率）はすべて号機別（機械別）にデータをとり、分析
し、改善余地を計算し、改善することになる。

(3)　「人がつくる」ものづくり

　「人がつくる」ものづくりは、現在は機械ではできない（経
済的にできない）作業を人手で行っている。わかりやすいが、
改善は簡単ではない。

　図表4－6は、複写機を組み立てているイメージである。い
までは日本ではみかけなくなった、多人数による組立てライン
である。10人の作業者それぞれが、担当する工程で組立作業を
している。1台の複写機は60秒間隔でできあがる。この時、組
立てに要した総時間は600秒（60秒×10人）である。この600秒
をST（Standard Time：標準時間）という。つまり、10人で工
程を分割して、それぞれが持ち分の作業を行う。それぞれ作業
はほぼ60秒で終了する。この作業の途中で1人でもラインを離
れると、作業は進まなくなる。それは、人がつくっているから

第4章　測定できないものは、改善できない　165

図表4-6　人がつくる（例：複写機の組立て）

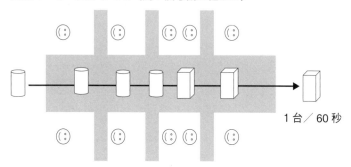

1台／60秒

である。

　このSTの考え方のおもしろいところは、1人で組み立てれば600秒、すなわち10分に1台の複写機をつくることができるという前提に立っている点である。20人で工程を分割してラインをつくれば、30秒（30秒×20人＝600秒）で1台の複写機ができあがる。実際には各工程の作業時間のバラツキによるアンバランス・ロスが生じるが、ここではそれを無視して説明している。

　このとき、3つの希少資源データは、ラインごとの稼働率、能率、良品率とすればよい。1人作業で10分に1台のペースでつくるときには、作業者ごとに作業実績と希少資源（稼働率、能率、良品率）を測定することになる。

　機械がつくる工程では号機（機械）ごとのデータを比較することになり、人がつくる工程では作業ラインごと、人ごとにデータを比較することによって、改善を進めたり、原価を計算

したりすることができる。

人がつくる工程では、決して改善が労働強化になってはいけない。作業環境の改善によってつくりやすくすれば、能率は上がるのである。生産現場で人が担う作業工程を子細にみれば、「やりにくい作業」や、長時間続けられないような姿勢での作業など不適切な作業環境が放置されていることがたくさんある。また、少しの投資で格段に能率が上がることもある。人作業は能率改善の宝の山といえる。

⑷ 人と機械の連携でつくる：圧着工程の例

3つ目のものづくりは、「人と機械の連携でつくる」ものづくりである。

図表4−7は、作業者1名が2台の機械を操作し、板を圧着する作業を示している。ここでの段取り作業は、2枚の板を重ねて糊を塗布して圧着機にセットすることである。作業者が圧着機のボタンを押すと、圧着機は4分間で2枚の板を圧着する。この4分の間に、作業者はもう1台の圧着機から圧着が終了したワークを取り出し、新たな板に糊を塗布して別の圧着機にセットする。この段取りに6分かかる。このように6分間の段取りと4分間の圧着機の稼働が繰り返される。

人と機械が連携したものづくりでは、人が段取り作業を終えて圧着機のボタンを押さないと圧着機の作業は始まらない。また、圧着機の作業が終わらないと人は段取り作業を始めることができない。このように、人と機械の連携作業になっている。

第4章　測定できないものは、改善できない　167

図表4－7　人と機械の連携でつくる（圧着工程の例）

機械1

| 段取り　6分 | 機械稼動4分 | 機械停止2分 | 段取り　6分 | 機械稼動4分 | 機械停止2分 | ～以降繰り返し |

機械2

| 段取り　6分 | 機械稼動4分 | 機械停止2分 | 段取り　6分 | ～以降繰り返し |

改善後

機械1

| 段取り4分 | 機械稼動4分 | 段取り4分 | 機械稼動4分 | 段取り4分 | ～以降繰り返し |

機械2

| 段取り4分 | 機械稼動4分 | 段取り4分 | 機械稼動4分 | ～以降繰り返し |

　この作業を子細にみてみよう。まず作業者に着目すると、作業者は段取り（6分間）がすむと、すぐに別の機械の段取り作業にかかる。つまり、作業者の稼働率は100％であり、これ以上の改善の余地はないように思われる。

　ところが、機械の稼働を観察すると、機械は4分間で圧着した後、作業者の段取りがすむまで待機して待っている。すなわち、「6分停止（段取り）、4分圧着、2分待機」が繰り返されている。全体で12分のサイクルのうち圧着作業は4分間であり、稼働率は33.3％（4÷12）になる。

168　第Ⅱ部　製造業の業績改善の考え方と手法

このように同じ作業であっても、人に着目するか機械に着目するかで改善余地に大きな違いが生じる。段取り時間を6分間から4分間に短縮すると、作業者の稼働率は100％で変わらないが、機械は「4分停止（段取り）、4分圧着」が繰り返され、待機時間がなくなったため、稼働率は50％（4÷8）になる。それまでの33％から50％の稼働へと約50％（50÷33.3＝1.5）の能率向上であり、改善をすることによって50％生産力が上がったということになる。生産数が増えなければ作業は早く終わり、生産が逼迫していればわずかの改善投資で生産力を50％引き上げることができる。

　人と機械の連携のものづくりでは、人と機械両方の希少資源データをとり、どちらがボトルネック（制約）になっているか、どちらに改善の余地があるかを分析する。分析の過程では図表4－7のように、人と機械を並べて分析する。このような人と機械の連携のものづくりは工場内にたくさんあり、改善の宝の山といえる。

第4章　測定できないものは、改善できない　169

第 **5** 章　イメージできないものは
マネージ(管理)できない

人は環境からの情報の83％を視覚から得ているという。実現したいことを視覚的にイメージできれば、それに向かって行動することができる。問題も視覚に訴えることができれば、早期発見が可能になる。職場の実態を視覚化できれば、問題発見・課題解決のための情報を共有することができる。本章では、生産現場において"イメージしてマネージする"ための仕組みを紹介する。

1 能率標準による日別（号機別）順序計画で生産現場が劇的に変わる

(1) 製造業における「計画できること」の大切さ

製品には、計画型の製品と受注型の製品がある。

計画型製品とは、企業が製品企画をして自社商品として販売している製品である。たとえば、一般的なボールペンやノートなどの文房具、家電量販店で販売されている電化製品、ソース、ドレッシング、クラッカーのようなお菓子類、カーツ社の刈払機も計画型の製品である。需要に応じて生産するわけだから、今月はいくらつくるなど事前に計画して製造することができる。

これに対して受注型の製品は、お客様の要求に応じて製造する製品である。自社製品であるが生産数が少ないために受注型になっている製品もあるが、お客様の仕様で製造する特注品はすべて受注型の製品になる。

たとえば、印刷業界である。チラシなどは週末に配布するため、たとえば木曜日に印刷物を納める必要があるが、お客様がチラシで宣伝する商品の値段をいくらにするかがぎりぎりまで決まらないために、印刷当日の朝になっても仕様が決まらないことがある。その場合、数台ある印刷機のうち、どの印刷機を使って何をどのような順番で印刷するかが当日の朝になっても

第5章　イメージできないものはマネージ（管理）できない　173

決まらない。そして、仕様が決まれば特急で印刷することになる。

　このような職場では計画的な生産ができない。製造業では、「計画できなければ生産性は上がらない」という原則を認識することが大事だ。私はチラシを印刷する場合でも、「印刷日の前日に号機別の印刷順序を確定する」ことが必要と考えている。前日に号機別順序計画ができなければ、決して儲けることはできない。儲けることができなければ早晩行き詰まるから、結局はチラシの印刷業をやるなら前日の号機別順序計画に挑戦するしかない。

　私は駆け出しのコンサルタントの頃に、チラシを配達する会社にお世話になった。大手の会社の子会社が、主婦を組織化してチラシを配達していた。親会社からの依頼でそのチラシを配達する会社の現場に行ってみると、続々と入ってくるチラシをまとめる作業、たとえば、スーパー、住宅会社、自動車販売店などのチラシをひとまとめにする作業をしている。配達当日の早朝の作業である。

　早朝に配達してしまえば、後はゆっくりした時間になる。そうすると、もし前日の午後にチラシが入ってくれば、その日の夕方までにひとまとめにする作業を終えることができる。そうなれば、翌日早朝は配達だけになり、早朝のひとまとめにする作業はなくなる。

　会社からの依頼は、いかにしてひとまとめ作業を合理化して生産性を上げるかというものであったが、私はそれよりも前日

までにすべてのチラシをそろえてしまうことのほうが重要だと考えて、お客様の営業部門に改善をお願いした。つまり、前々日に電話を入れて前日までにチラシを届けてもらうようにしたのである。

　実際の改善はもう少し複雑ではあるが、要するに「前日にチラシはそろっており、まとめ作業はすんでいる。当日は配達すればよい状態にする」のである。この活動の成果は抜群であり、勤務形態まで変えてしまう改善につながった。製造業で働いてきた私には、前日に当日の作業が計画できないような混乱のなかで生産性改善を行うことは不合理に思えるのである。

(2)　日別（号機別）順序計画のための能率標準

　日別順序計画とは、「前日に当日の生産計画を立てる」ことである。皆さんはそんなことはとっくにやっているというかもしれないが、私は前日に生産の着手・完了の時刻が設定されている状態をいっている。着手時刻と完了時刻を前日に決めることができるためには、製品をつくるための所要時間、すなわち能率標準が決まっていることが前提になる。

　図表5−1は、鉄の線材を曲げて鉄骨をつくる作業を示している。線材の太さ、大きさ、長さに応じて受け型を替える段取り作業に20分かかる。その後で曲げ作業を行い、1個ずつ部品をつくるサイクル作業を行う。1個当り1分かかる。そこで50個まで製造して、その製造した50個を10個ずつひとまとめに結束する。結束作業は5分である。

第5章　イメージできないものはマネージ（管理）できない　175

図表5-1　曲げ加工作業の〈準備+加工+後始末〉の例

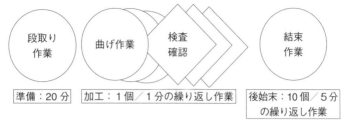

50個の部品をつくるために必要な時間は、「段取り20分+サイクル作業50分+結束作業25分」の合計95分である。続けて同じ製品を50個つくるには、段取りは不要なので、「サイクル作業50分+結束作業25分」の75分である。つまり、最初から100個つくるには170分（95+75）かかることになる。

最初に実施すべきは、最初の50個をつくるには95分、続けて50個つくるには75分かかるという能率標準を決めることである。この時に大事なことは、「すべての作業は〈準備+加工+後始末〉の繰り返しでできている」ということである。特に現在のように生産ロットが小さくなっている場合、準備と後始末の時間を考慮することが大事になる。

・生産ロットが500個の場合：95分×1+75分×9＝770分で1個当り1.54分になる。

・生産ロットが100個の場合：95分×1+75分×1＝170分で1個当り1.70分になる。

生産ロットが500個から100個に減ると、1個当りの生産時間

は10％増えることになる（1.70÷1.54）。このようにロットサイズにより生産性は大きく異なるので、最初の能率標準を決めるときに所要時間を〈準備＋加工＋後始末〉に分けて設定することは重要である。当然、ロットが小さくなれば〈準備＋後始末〉の時間を短縮する改善活動が必要になってくるのである。

(3)　日別（号機別）順序計画を具体化する「差し立て板」の活用

　前日に当日の日別（号機別）順序計画をつくる。

　図表5－2をみてほしい。先ほどの曲げ加工は1号機、2号機、3号機で行われる。それぞれの号機（機械別）に対して、翌日の朝一番からの作業の指図書を割り当てる。この時に〈準備＋加工＋後始末〉の能率標準が決まっているので、着手時間と終了時間を決めることができる。

　1号機は8時から001番の指図書の作業を行い、9時までに所定の数量の製造を終える。9時からは003の指図書の作業を行う。003の指図書の作業が終わるのは9時30分になる。次に004の指図書の作業を行う。2号機、3号機についても同じように、着手時間と終了時間を指定した号機別順序計画を立てる。

　この号機別順序計画を掲示したプレートを「差し立て板」という。一般的な運用方法は、生産管理部門が生産管理システムのなかで翌日の号機別順序計画を立てる。製造現場には生産当日の朝一番に、その号機別順序計画に基づく作業指図書が渡さ

図表5-2 日別（号機別）順序計画の例

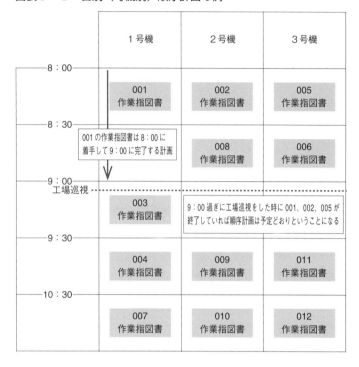

れる。職場のリーダーは朝一番でメンバーを集めて朝礼をする時に、差し立て板に作業指図書を掲示し、当日の作業内容とそれを担当するメンバーを決定して伝える。

そして、作業が完了した作業者は作業指図書を取り外し、その作業指図書に号機ナンバー、着手時間と終了時間、生産数、不良品数を記載して現品箱に取り付ける。作業が完了した指図書は差し立て板から外れるので、差し立て板をみれば、どの作

業が完了し、現在作業中の作業が何かがわかる。

たとえば、図表5−2で、9時過ぎに工場巡視をした時に指図書001、002、005が差し立て板から外れていれば、順序計画は予定どおりということになる。もし001が外れていなければ、1号機で遅れが出ていることになり、何か問題が発生している可能性がある。この取組みの効果は以下のとおりである。

① 当日の号機別順序計画が前日に決定されることにより、職場のリーダーは材料や生産に使用する治具などを事前に準備することができる。

② 残業など時間外作業が必要な場合は、前日に担当者に対して残業の指示を出すことができる。

③ 当日、朝一番で職場の全員にその日の作業を可視化して指示することができる。

④ それぞれの指図書には着手時間と終了時間が示されているので、作業者はそれぞれが担当する作業をいつまでに完了すべきか、能率標準を意識して作業することができる。

⑤ 当日のすべての時間で号機別の進捗状況がみえる。これによって問題の発見が早くなり、対策を講じることができる。

⑥ 指図書に記載された作業実績（号機ナンバー、着手時間と終了時間、生産数、不良数など）と能率標準を比較して、能率標準より遅ければ何が問題かを考え、能率標準よりも早く完了していれば能率標準を改定するなど、継続的改善のためのデータ分析に活用することができる。

⑦ 職場全体の作業量が可視化され、職場の全員に共有される

第5章　イメージできないものはマネージ（管理）できない　179

ため、職場のコミュニケーションが良くなり、お互いに協力
する職場になる。

⑧　段取り時間の短縮にあたり、1人で段取りを行うのではな
く、2人以上の組作業で段取りを行ったほうがよい場合は、
段取り時間が可視化されているので、その時間に2人以上で
段取り作業を行って大きな成果をあげることができる。

　以上のように、日別（号機別）順序計画の作成は、数値で示
される能率向上を超える効果を職場にもたらす。

2 レイアウトで製造現場を 可視化（見える化）する

(1) U字ライン化、二の字ライン化の推進

差し立て板によって、職場の日別（号機別）順序計画を可視化することができた。特に業績改善を目的としているプロジェクトの場合、パート社員も含めて製造現場の全員の目指す方向、ベクトルをあわせて、協力してもらう体制をつくらなければならない。いままでやってこなかった時間管理など（当人にとっては）厳しい取組みが必要になってくるから、モチベーションを高める必要がある。それを労働強化と考えるか、当たり前の生産活動でいままでやってこなかっただけだと考えるかは大きな違いといえる。そこで、製造現場の可視化をさらに一歩進める手法を紹介する。

私は積極的に、図表5－3のようなU字ラインを導入するようにしている。U字ラインでは、通路にワーク（部品）の入口が接している。ここではいまから加工をしたり、組立てをしたりする部品をそろえておき、作業者はその部品を使って作業を行う。できあがったワーク（部品や完成品）は、同じ通路の出口側の置き場に置かれる。出口も入口と同じ通路に面している。このようなかたちにラインをつくると、ラインはアルファベットのUの字のかたちになる。作業者はこのU字ラインの内

第5章 イメージできないものはマネージ（管理）できない 181

図表5-3　U字ライン化、二の字ライン化を推進する

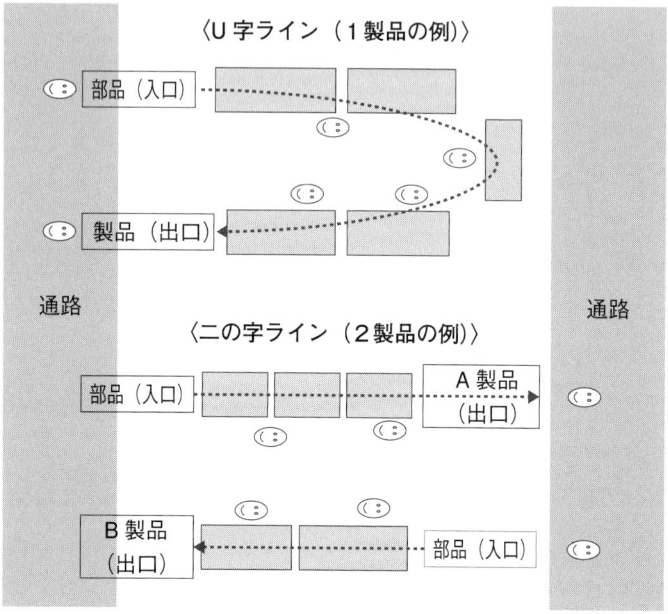

〈U字ライン（1製品の例）〉

部品（入口）

製品（出口）

通路　　　　　　　　　　　　　　　　　　通路

〈二の字ライン（2製品の例）〉

部品（入口）　　　　　　　　　　　A製品
　　　　　　　　　　　　　　　　　（出口）

B製品
（出口）　　　　　　　　　　　　　部品（入口）

側にいる。複数の作業者でU字ラインを編成することもある
し、作業者1人でU字ラインをつくることもある。

　U字ラインにすると、次のような良いことがある。

① まず、通路からみると、これから作業するワークおよび作
　業中のワークがわかる。ワークを入れている箱に作業指図書
　を貼る、U字ラインの入口に立て看板を置いて、そこに作業
　指図書を掲げるなどの工夫が行われる。

② 作業指図書または立て看板は日別（号機別）順序計画に
　従って記載されており、着手時間と終了時間がわかる。

182　第Ⅱ部　製造業の業績改善の考え方と手法

③　同じくU字ラインの出口側をみると作業ずみのワークがわ
　かる。このように通路から、これからの仕事とすんだ仕事が
　可視化されてわかる。
④　U字ラインの工程の多さにもよるが、U字ラインのなかに
　は一定数以上の仕掛品は発生しない。
⑤　作業工程はU字ラインの入口から順番に並んでおり、入口
　から出口までにかかる時間はこのラインの能率標準に基づい
　て設定されている。つまり、U字ラインは能率標準を守る仕
　組みにもなっている。

　同じ効用は、二の字ラインでも実現することができる。二の
字ラインは通路がラインの両側にあって、一方の通路から始
まった作業工程はもう一方の通路で完成する。このようにU字
ラインでも二の字ラインでも、通路から通路に作業工程を経な
がらワークが移動する。

(2)　最高の仕組みは「みずすまし」ができること

　図表5-3には、通路に人がいる。これは「みずすまし」と
呼ばれる管理者である。この「みずすまし」の役割は重大であ
り、一言で言えば、「作業者を作業区から動かさない」という
役割をもっている。

　作業者甲は、部品の板金加工をしているとしよう。曲げ加工
機と呼ばれる機械で、ノートくらいの大きさに切断されたステ
ンレスの板の四隅を曲げる仕事である。作業指図書に従って曲
げ加工を行う。所定の数量の加工がすむと、その曲げ加工ずみ

の部品を移動箱に入れて、部品倉庫にもっていく。部品倉庫からの帰りに、次の作業の指図書と部品をもって自身の作業区に戻る。そして、再び曲げ加工に着手する。

　ほかの作業者は次の仕事の指示があるまでは待ちの状態だが、作業者甲は自ら仕事を取りに行く。この作業者甲に対して、職場の上長は「甲さんはよく気がついて素晴らしい仕事ぶりだ」という。本当だろうか。

　作業者甲が部品を部品倉庫にもっていく間、次の作業を上長に問いかけて作業指図書と部品を運ぶ間、曲げ加工機は停止した状態にある。この状態で作業者甲の取組みを模範的とするのは上長の怠慢といえる。作業者甲は加工設備を動かすために採用されているのであり、加工設備の稼働率を上げるのは上長の仕事である。日別（号機別）順序計画に従って、作業者のもとに適切に加工部品を供給する仕組みをつくらなければいけない。

　U字ラインや二の字ラインでは作業の進捗が可視化されているわけだから、タイミングよく次の部品がラインに供給され、完成部品はラインの作業者以外の作業者が次の作業区に運ばなければいけない。作業区での進捗状況をみながらタイムリーに次の加工部品を供給し、完成部品を次の工程に運ぶ役割を担っているのが「みずすまし」なのである。職場全体の生産性を上げるためには、「作業者を作業区から動かさない（作業区の外に出さない）」ことが鉄則である。「みずすまし」はU字ライン、二の字ラインで整備された通路を、まさにみずすましのように

184　第Ⅱ部　製造業の業績改善の考え方と手法

動きながら、作業指図書と現物の移動を通じて工程進捗管理を行うのである。

3 複雑な工程を少ない 管理点で可視化する

(1) モノの流れの管理点を決める

図表5 - 4は、筐体（箱）をつくる工程を示している。大き
な薄板をNCタレットパンチプレス（タレパン）で必要な大き
さに切断する。次に曲げ加工機を使用して、その切断された板
の四隅を折り曲げる。その他外注部品も含めて加工された部品
が取り揃えられ、部品がそろうと、その部品を溶接して筐体
（箱）をつくる。最終仕上げや塗装、検査工程を経て完成とな
る。

この一連の工程では、部品の取り揃えという工程が管理点と
なるだろう。たとえば、20種類の部品のうち、1つでもそろっ
ていなければ組み立てることができない。まず取り揃えの日時
を決めて、その日時までに部品をそろえるために部品加工のス
ケジュールを調整する必要がある。部品20個に対して製品は1
個だから、管理は組立てよりも部品そろえのほうがはるかに複
雑だ。だから、管理点は部品の取り揃えということになる。

工場のなかに取り揃え場所をつくって、そこに完成した部品
をすべてそろえて、欠品がすぐにわかるようにする。現場での
目でみる管理と、コンピュータによる在庫管理システムを連動
させることが大事だ。また、取り揃えが完了したら、すぐに組

186　第Ⅱ部　製造業の業績改善の考え方と手法

図表5-4 モノの流れの管理点をコントロールする

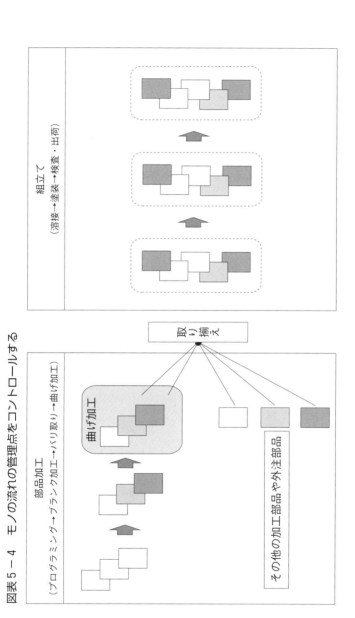

第5章 イメージできないものはマネージ（管理）できない　187

立工程に払出しできるという情報を後工程に伝える仕組みが必要になる。

(2) ネック工程を管理点にする

　筐体（箱）をつくる工程のなかで、曲げ工程がいつも遅れるとしよう。曲げ工程には前工程であるブランク材（図面に従って切断された部材）が予定どおり到着しているのに、取り揃えには間に合わないことが多い。曲げ工程の遅れによって組立工程全体が遅れ、組立工程で残業や休日出勤が頻発している。

　図表5－5は、筐体（箱）をつくるために必要な各工程の保有能力と負荷を表したものである。曲げ加工の能力は、他の工程に比べて最も低い。この曲げ加工は、作業者がワークの取り

図表5－5　制約工程を管理・改善する

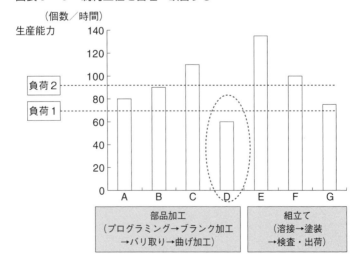

出し、取付けを行い、曲げ加工機のボタンを押すと、曲げ加工機が曲げ加工作業を行うというものである。

このように曲げ加工作業が制約工程となっている状況では、曲げ加工の作業員と曲げ加工機の稼働率が最も高まるよう、みずすましが作業区にタイムリーにワークを移動しなければならない。そのうえで、必要であれば時間外労働をすることになる。ワークの供給遅れなどで曲げ加工作業の稼働率が下がれば、時間外労働も増えることになる。一方、溶接工程は余裕がある。曲げ加工作業が遅れる場合、溶接工程から応援を出して曲げ加工を少しでも早く終わらせ、溶接工程を短時間で終了させることも可能だろう。

このように能力と負荷の関係を具体的な数値として把握すれば、どの工程にどのくらいの能力向上策（時間外労働や応援者の派遣など）が必要なのかがわかる。

図表5－5の負荷1の場合、時間当り70個の生産が必要である。負荷に対して能力が不足しているのはDの曲げ加工作業である。曲げ加工の稼働率を最高に上げるために、材料支給などの遅れが出ないようにし、余裕のある工程から作業者の応援を出すなどして、曲げ作業工程の稼働率100％を目指して生産管理をすることが大事である。また、負荷2の場合、プログラミング、曲げ加工、検査・出荷作業の3つの工程において、負荷に対して能力が不足している。短期的には操業時間の延長が必要になるだろう。

さらに、最大の制約工程である曲げ加工は、人と機械の連携

第5章　イメージできないものはマネージ（管理）できない　189

のものづくりであるので、マン・マシン分析などで人と機械の稼働率が最高になるように改善を進めることになる。生産の負荷によって制約工程も変わってくるので、負荷と能力のバランスの悪い工程から改善を進めることが必要だ。生産管理においては能力の低い工程に焦点を当てて、重点的に稼働率を上げることになる。

(3) ペースメーカー工程を決める

ここまでで述べてきた、3つの希少資源（稼働率、能率、良品率）を最大にする仕組みを要約すると、『対象となるすべての工程で、標準時間に基づく日別（号機別）順序計画を作成し、U字ラインの導入と差し立て板で職場の作業進捗を可視化し、作業者の移動を最小限にして稼働率を最高にする「みずすまし」の仕組みを導入する』ということになる。ところが、こうした仕組みをせっかく導入しても、生産計画で各工程の能力を無視した作業指図書が発行されれば、工程間のアンバランス・ロス、すなわち不稼働損や超過稼働損が発生することになる。

そこで、工程全体のスピードを決めるペースメーカー工程を決め、それにあわせて工程別の生産計画を立てるという取組みが必要になる。本事例においては、曲げ加工の工程の能力が負荷に対して最も低い。負荷が高まってきたときに、曲げ工程は稼動時間を延長して生産能力を高めることになる。したがって、まずは曲げ加工工程の生産計画を立て、それにあわせて他

の工程の生産計画を立てれば、納期遅延を防ぐだけではなく、工程間の仕掛在庫も最小になると考えられる。職場の在庫置き場には最低限必要なものだけが置かれることになり、「みずすまし」が行う工程管理はよりやりやすくなる。

　図表5－6をみてほしい。全体の工程のなかから、できるだけ少ない管理点を決め、その管理点を「コントロールポイント（CP）」とする。ここでは制約工程である曲げ加工工程をコントロールポイントにしている。曲げ加工工程の日別（号機別）順序計画に基づいて、前工程のブランク加工のスピードを管理する。実際にはブランク加工は曲げ加工よりも能力が高いので、日別（号機別）順序計画で曲げ加工に先行して生産を始めれば、曲げ加工作業に手待ちが生じることはないはずである。

　曲げ加工では「みずすまし」を導入して、曲げ加工機の稼働率が最高になるようにする。「みずすまし」は曲げ加工工程の進捗に応じて、前工程であるブランク工程にワークを引き取りに行く。ブランク工程は引き取りのスピードをみて、自工程が遅れないように作業を進めることになる。ワークの遅れが出ないよう、制約工程である曲げ加工工程をコントロールポイントとして生産量と進捗を管理することが大事である。

第5章　イメージできないものはマネージ（管理）できない　191

図表 5 − 6　ペースメーカー工程で全体をコントロールする

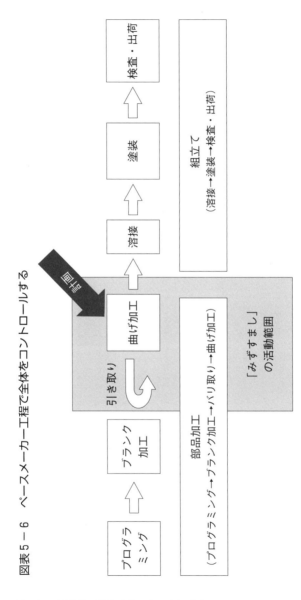

192　第Ⅱ部　製造業の業績改善の考え方と手法

第6章 改善成果を刈り取る

測定して数値化し、可視化すれば改善は進む。今日の仕事が15時までに終わる仕事量である場合、15時から終業時間までは不稼働による損失が発生している。本章では、まず多くの経営者がわかっているようでわかっていない不稼働損と超過稼働損について紹介する。不稼働損と超過稼働損を数値化して可視化できれば、業績改善の宝の山を見つけたことになる。次は、その宝の山を実際に掘って成果をあげればよい。さらに本章では、組織的な取組みによって成果をあげる仕組みを紹介する。

1 不稼働損、超過稼働損を 解消する

(1) 不稼働損、超過稼働損とは何か

不稼働損や超過稼働損という言葉を、会計用語としては聞いたことがない。不稼働損は、船舶を用船して荷物の運搬等を行う場合、その船舶がなんらかの理由で運行できなくなったときにその損失を保険でカバーするため、保険会社と契約するときに使われる言葉である。業績にかかわる重要な考え方であるが、工場経営者やそれを支援するコンサルタント、会計士には不稼働損と超過稼働損を製造現場において可視化して改善するという思考が働いていない。

私は多くの製造業のコンサルティング業務のなかで、経営者や工場責任者が重要な思い違いをしていることに気づいた。最初にそれに気づいたのは、東北の企業の業績改善に取り組んでいる時だった。その企業を仮にA社としておこう。

A社は受注型のビジネスをしており、大手からの受注に応じて設計の一部も担当し、最終的には製品の製造を請け負っている。同社は原価計算の仕組みを整備し、業績改善に取り組んでいた。私が翌日の組立てラインの順序計画の作成を依頼したところ、その負荷は朝一番から仕事に取りかかれば15時頃には終わるはずの工数だった。

第6章 改善成果を刈り取る 195

私が職長に「明日の組立作業は15時にはすみますね」と問い
かけると、「そのとおりですね」という。そこで、私は「それ
では、明日は15時になったら全員食堂に集まってください。皆
でコーヒーを飲みましょう。どうせ明日は15時以降の仕事はな
いから大丈夫ですね」といった。

　ところが、翌日15時になってもだれも食堂には上がってこな
い。現場に行ってみると、仕事をしているではないか。職長に
なぜかと問うと、「まだ、終わってないですね」という。真相
は、職場の作業者は当日の仕事量が少ないことがわかっている
から、わざと終業時間の17時までに終わるように作業ペースを
落としていたのだ。これに対して、当日の作業量が多いときに
はスピードを上げて働く。だから、作業量が多いときには能率
が上がっている。

　A社は地方銀行から依頼されて私が業績改善に取り組んでい
る会社だから、時間外作業に対しては厳しく管理している。し
かし、仕事量が少ないときは無管理状態である。

　図表6－1の上段の図をみてほしい。仕事量が多くて2時間
残業をしているときの原価計算では、減価償却費や賃料などの
固定費はAとBを合計した総就業時間で割って時間チャージを
計算する。だから、操業時間が長いとチャージは低くなる。少
し見方を変えて、定時である17時までのAで固定費はすべて使
い尽くしたと考えれば、それ以降のBの17～19時の2時間は増
分のコスト、たとえば25％の割増し賃金や追加の電気代のみで
生産できると考えることができる。一方、図表6－1の下段で

196　第Ⅱ部　製造業の業績改善の考え方と手法

図表6－1　不稼働損と超過稼働損

◆時間外作業（2時間）がある場合は2時間の超過稼働損（B）が発生している

準備 作業 （15分）	トラブル 停止 （30分）	昼休み （1時間）	段取り 替え （15分）		時間外 作業 （2時間）

←―――――――――――――Ⓐ―――――――――――――→　←Ⓑ→

◆計画停止（2時間）がある場合は2時間の不稼働損（B）が発生している

準備 作業 （15分）	トラブル 停止 （30分）	昼休み （1時間）	段取り 替え （15分）	計画 停止 （2時間）

←――――――――――――――Ⓐ――――――――――――――→　←Ⓑ→

はＡの定時内で固定費を消費する間にＢの不稼働時間がある。

　そう考えると、2つの重要なことがわかってくる。定時内の不稼働は、全部原価をロスしている。だから、定時内の不稼働は最悪の状態といえる。逆に定時内で目いっぱい稼働して、さらに2時間の操業延長を行えば、増分コストのみで2時間分の生産ができることになる。

　この時に私は、不稼働損や超過稼働損の概念を思いついた。すなわち、目にみえない不稼働損をみえるようにして不稼働損を最小にすることは、最大の改善余地のある改善活動といえる。経営者や工場管理者は実際にキャッシュが出ていく時間外労働の削減に血眼になっているが、不稼働損はみえないので放置されているのである。

　このように不稼働損と超過稼働損は一日のなかで発生しており、季節変動が大きい製造業の場合は不稼働と超過稼働が月次

第6章　改善成果を刈り取る　197

や四半期の単位で発生するので、その損失は大きい。不稼働損
と超過稼働損の計算式は次のとおりである。

・不稼働損＝１時間当り全部原価×不稼働時間
・超過稼働損＝１時間当り増分コスト×超過稼働時間

　超過稼働損は残業や休日出勤としてその損失が計算される
が、不稼働損はその認識さえない場合が多い。認識があって
も、受注の季節変動などは外部的な与件であり、「仕方がな
い」問題として取り扱われてしまう。お客様の短納期要求など
に応じるために、受注単位で不稼働損、超過稼働損が生じるこ
ともある。不稼働損、超過稼働損は日々発生しており、その損
失は累積して大きなものとなる。日別順序計画によって日々の
不稼働損と超過稼働損をコントロールすることが重要な理由が
ここにある。

(2)　工場カレンダーで不稼働損、超過稼働損を解消する

　平準化生産が必要だというと、必ず、「当社の売上は季節変
動が大きいので、それは無理です」という言葉が返ってくる。
すべての従業員はそれが常識だと思っているし、経営者も同じ
である。経営者がそうではないと思えば、なんらかの対策を講
じているはずだ。

　さまざまな業種のお客様で月別の平均出荷高を調べてみる
と、たしかにほとんどの会社で季節変動が大きい。平均的な月
の出荷高を100とすると、出荷高の多い月では140くらい、少な

い月は70くらいになる。出荷高の多い月と少ない月を比べると、倍半分の差があることになる。これではとうてい平準化生産はできないと思ってしまう。

　いま、ほとんどの製造業は週休2日である。そのほかに祝祭日があり、祝祭日には振替があるので、2017年で休日は115日あった。加えて、取得率を勘案して実際に取得する有給休暇が17日とすると、稼働日は365－115－17＝233日になる。大まかにいって、2日働いて1日休むということになる。

　そこで、私は季節変動に応じて休業日を変則的に設定して、工場独自の稼働日カレンダーをつくることを薦めている。忙しい月には週休1日にして、暇な月には週休3日にする。さらに祝祭日を振り替れば、稼働の多い月と稼働の少ない月の稼動日数をほぼ2対1くらいにすることができる。そのように工場カレンダーをつくれば、1日当りの出荷高は同じくらいになる。つまり、日別平準化が工場カレンダーでできるということである。

　私は製造現場の改善は、決して労働強化になってはいけないと指導している。工場カレンダーも私の改善の1つであるが、これも労働強化になってはいけない。従業員にとって日別の負荷が同じであることは、時間外労働をするよりはずっと良いはずである。また、週休3日の月もあり、年間カレンダーで事前にまとまった休みがとれることがわかれば、休みの使い方も変わるはずである。

　実際に工場カレンダーによる日別平準化生産をやってみる

第6章　改善成果を刈り取る　199

と、残業はほとんどなくなる。残業がなくなることが、むしろ従業員の不満になる。また、日別平準化をカレンダーで実現できるということは、それだけで不稼働損も超過稼働損も激減するということである。その業績への影響はきわめて大きい。

さらに、日別の負荷が同じであれば、年間を通じて能率標準で生産することができ、業績改善への貢献は絶大である。

2 標準工程表による リードタイムの短縮

(1) 標準工程表の作成

　日別（号機別）順序計画を作成し、生産性を高めるには生産部門の改善・改革が必要条件ではあるが、それだけでは十分ではない。営業がお客様の言いなりになって仕様変更を容易に受け入れたり、当日になっての飛込み受注を受け入れたりしていては、日別（号機別）順序計画は瓦解してしまう。経営者自身がそのようなことをしている会社は、自分自身で自分の首を絞めているようなものである。

　図表6-2で、日別順序計画を達成するための、印刷会社における標準リードタイムに基づく標準工程表の例を示す。ここでn日は印刷日を指す。その前日はn-1である。印刷日の翌日はn+1である。

a　計画を1日単位で立てている場合

　1日単位で計画を立てる、すなわち1日バケット（バケツ）で計画を立てて工程管理をしている場合について説明する。最初に工程別にフローズン・ゾーンをきめる。フローズン・ゾーンとは、それ以降は仕様変更ができない期間をいう。たとえば、n日に印刷するには印刷のための文字や絵柄などのデジタル・データが必要であるが、このデジタル・データは前日の

第6章　改善成果を刈り取る　201

図表6-2　標準リードタイムによる標準工程表

(1) 計画を1日単位で立てている場合

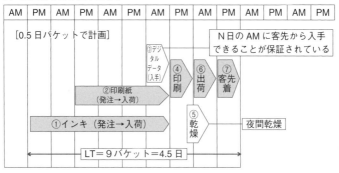

(2) 計画を半日単位で立てる

(3) 計画を半日単位で立てる（改善を加味した場合）

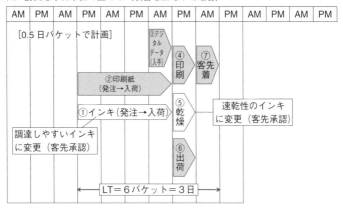

n－1日に入手できていなければならない。お客様との間で印刷日の前日までの到着を約束してもらうのである。到着しないなら翌日には印刷できない。

いままではお客様との間の商慣習で、当日n日に入ってくるデジタル・データも受け入れていたとする。しかし、これからはお客様と交渉して前日にデジタル・データを入手し、日別（号機別）順序計画を前日に確定させる必要がある。フローズン・ゾーンはn－1日である。

同じく、印刷紙が発注から入荷まで2日かかる特殊な紙である場合は、n－2日がフローズン・ゾーンになる。特殊なインキを使う場合には、n－3日がフローズン・ゾーンになる。このようにフローズン・ゾーンは印刷紙の種類によって異なるし、それが特殊なインキか否かなど調達リードタイムによって異なることになる。

1日バケットで標準工程表をつくると、受注から納入までにn－3からn＋3までの7日間かかる。リードタイムは7日である。お客様にはそのことを説明して、受注確定後、インキはお客様の要求日（着日）の6日前に確定していただく。印刷紙は5日前に、デジタル・データは4日前にいただくことを約束するのである。

b　計画を半日単位で立てる

図表6－2の中段は、半日単位で計画を立てて工程を管理する場合を示している。印刷日であるn日の午後に印刷をする計画となっている。そうすると、デジタル・データはn日の午前

第6章　改善成果を刈り取る　203

中に入手できればよい。また、インキの乾燥に1日を使っていたが、午後に印刷して夜間に乾燥すれば翌日に出荷できることになる。このようにするとリードタイムは9バケットになり、日数では4.5日になる。

c　計画を半日単位で立てる（改善を加味した場合）

　図表6-2の下段は、さらにお客様と交渉してインキの仕様を変更した場合を示す。調達しやすく、速乾性のインキに変更することにより、リードタイムは6バケットで日数では3日になる。

(2)　標準工程表による製販連携の仕組みづくり

　製造業が譲れないことは、
・前日（n-1）に仕様が決定しており
・前日に当日（n）の日別（号機別）順序計画が作成できること

である。これを譲ってお客様の言いなりに生産しても、ほかのお客様に納期遅れなどのご迷惑をおかけすることになったり、コスト増で設備更新ができなくなったりする。結局は、お客様に継続的に良い品を安く早くお届けすることができなくなってしまう。

　標準工程表はすでに述べたように、バケットの大きさ、製品の仕様に応じたフローズン・ゾーンに基づき、製品ごと、あるいは同じ工程を通る製品グループごとに設定する。お客様との間でこの標準工程表をもとにして情報交換し、フローズン・

204　第Ⅱ部　製造業の業績改善の考え方と手法

ゾーンに従って受注工程を管理する。これによって日別（号機別）順序計画が可能になり、お客様の短納期要求に起因する不稼働損、超過稼働損が生じることはなくなる。

逆に、標準工程表を作成すると、お客様の要求にあわない場合も出てくる。それは自社の実力であるから、お客様の要求を安易に受け入れてはいけない。お客様の要求を安易に受け入れていると、結局は現場が混乱してコスト高になる。解決方法はただ1つ、リードタイムの短縮である。

リードタイムは稼働日基準で設定される（稼働日基準に対して暦日基準がある）。一般的にリードタイムの短縮のためには、次のような方法がある。

① バケットを小さくする（たとえば、図表6－2に示したように1日から0.5日へ）。

② 夜間・休日を使う。

③ 各工程を短縮する（たとえば、調達しやすいインキ、速乾性のインキへの変更など）。

また、リードタイムの短縮にあたっては、事務処理、製造、調達・物流といったプロセスごとに短縮方法を検討することができる。リードタイムを3つに分けて考えると対処しやすい。

① ペーパー・リードタイム

たとえば、受注から製造指図までに2日かかる場合、ペーパー・リードタイムは2日である。実際にお客様が発注してから、いわゆる事務処理のためにかかる日数は意外と長いのである。

② 物流・調達リードタイム

　　在庫を保有している外注先から調達する、自社で標準品を在庫として保有するなどの方法でリードタイムを短縮する。

③ 製造リードタイム

　　最近では各社とも製造リードタイムの短縮に努めているが、たとえば3日かかる製造リードタイムでも、実際に加工している正味加工時間は合計で1時間程度ということはよくある。残りの時間は手待ちで、中間仕掛が保管されていたりする。製造リードタイムの短縮余地はまだまだ大きい。

3 競争しないものは競争力がつかない

　競争力強化といいながら、社内に競争する仕組みが導入されていない会社がほとんどである。経営に関する書籍には社内に過度の競争の仕組みを入れると組織がサイロになって情報共有しなくなるとか、お互いに協力しなくなるなどの弊害を説いているものがある。競争しないことで好業績をあげている事例も紹介されている。しかし、業績改善を必要としている企業がより高い目標をもって継続的改善を進めるためには、正しく社内で競争する仕組みが必要であると考える。正しく競争するとは、科学的に目標値を決めて、それに向かって組織的な活動をすることを意味する。

(1) 適切なKPI（重要業績指標）の設定が組織を動かす

　ここでは適切なKPIの設定が組織を動かしたY社の事例を示す。Y社では薄板をNCタレットパンチプレスで打ち抜き、それを曲げ加工する。いくつもの部品をそろえて溶接組立し、最終仕上げ工程を経て完成した筐体となる。

　この工場には、NCタレットパンチプレスが3台あった。ある日、経営者と一緒に現場を視察していたときに、製造現場の管理者に「今月は儲かりますか」と話しかけた。すると、驚い

たことに、「今月は儲かります」と自信をもって答えた。なぜ今月は儲かるのかと問いかけると、「今月はNCタレットパンチプレスの稼働率が高い。曲げ工程や溶接工程などNCタレットパンチプレスの後工程に流れる部品の約70%は、自社の3台のNCタレットパンチプレスで加工されています。だから、タレットパンチプレスの稼働率が高いときには儲かります」と明確に答えたのである。

　製造現場の管理者は、日頃からNCタレットパンチプレスの設備稼働率が高い月は月次の損益がプラスになり、逆にNCタレットパンチプレスの設備稼働率が低い月は月次の損益がマイナスになることを知っていた。それは、工場の稼働率は社内のNCタレットパンチプレスの稼働率をみればわかるということである。そこで、同社では3台のNCタレットパンチプレスの設備稼働率と月次損益の関係について調べることにした。その結果、3台のNCタレットパンチプレスの平均稼働率が65%程度で、売上高が損益分岐点に達することがわかった。

　では、NCタレットパンチプレスの月次の稼働率はいつの時点でわかるのか。NCタレットパンチプレスで部品加工（ブランク加工）する際には、まずはNC加工のプログラムを作成する。NC加工のプログラム作成は加工予定に基づいて、遅くとも加工作業の前日までには完了している。また、プログラム作成時には加工時間が決まるので、毎月、月末には月中のイレギュラーな飛び込み生産品の加工を除けば、翌月の生産予定がほぼ決定しているということになる。このことは、月次決算を

208　第Ⅱ部　製造業の業績改善の考え方と手法

待たずに月次の業績がほぼつかめることを意味する。さらに、翌週の稼働はほぼ確定であることから、週次の業績が前週にほぼつかめるということになる。

利益改善のためには、NC タレットパンチプレスの稼働率を向上させる必要がある。そこで同社は、他社から NC タレットパンチプレスの加工を引き受けることによって設備稼働率を上げることにした。翌月または翌週の3台の NC タレットパンチプレスの設備稼働率が低いと計画されているときには、工場の立地する工業団地にある他の工場から NC タレットパンチプレスでの外注加工を受注すべく営業活動を始めた。この取組みによって、3年後には売上の約30%は外注加工からの収入になるまでに成長したのである。

この工場にとって、3台の NC タレットパンチプレスの稼働率は、工場損益に影響する KPI（Key Performance Indicator：重要業績指標）であった。それは工場稼働率の代表値、業績の先行指標であり、経営管理上、重要な指標と考えることができる。

(2) 信号管理（GYR）で組織を活性化する

先ほどの NC タレットパンチプレスの例で、もう一つ重要なことは、「未達を結果にしない」ということである。私がコンサルティングでお世話になった自動車メーカーの経営者は、「未達でしたという報告をするな」といっていた。先行指標をみて、未達になりそうなら早めに対策を打てということであ

第6章　改善成果を刈り取る　209

る。適切なKPIの設定と、未達を結果にしない取組みにより業績は向上するのである。

　未達を結果にしない取組みのためには適切なKPIの設定が重要であるが、残念なことにKPIだけではその効果は十分ではない。たとえば、よく月次損益表で計画と実績の差異が計算されているが、正直なところ項目が多過ぎて、課題が何かを理解することがむずかしい。

　この解決策として、私が多くの会社で導入して大きな成果をあげてきたのが信号管理（GYR）である。信号管理とは、目標に対する実績の達成状況をG（Green）、Y（Yellow）、R（Red）の３つの区分で示すことである。色分けするのがいちばんわかりやすく、視覚に訴える効果がある。

　図表６-３では、各KPIについて目標値が設定されている。月次で異なる目標値が設定されることもある。このケースでは、年度初めの４月にはすべての目標を達成した。したがって、４月の実績は緑色（G）で表示されている。５月が終わり、６月の生産会議で５月の実績が報告される。ロス率とロス金額は目標達成だが、その他の項目は未達である。したがって、未達の稼働率、能率、残業時間は赤色（R）で表示されている。

　大事なのはここから先だ。生産会議で上司は「５月の結果はわかったが、それで第１四半期の着地はどうなるのか」と質問した。この質問に答えるためには、６月の見込み値と同時に第１四半期の見込み値を説明する必要がある。

図表6－3　信号管理（GYR）"で"先手管理する仕組み

| | 目標値 | 実績 | | | |
		4月	5月	6月	第1四半期見込み
ロス率	1.00%	0.93	0.89	－	
ロス金額	500千円／月	450	480	－	
稼働率	95%	98.5	85.3	－	
能率	100%	105.0	71.3	－	
残業時間	200hr／月	180.0	225.0	－	

G・Y・R判断	現在の目標値達成状況	四半期の着地見込みが目標値を達成できるか否か
G	○	○
Y	○	×
	×	○
R	×	×

　GYRの定義を確認しておこう。

・G……現在の目標達成がGで、かつ四半期の着地見込みがGである。

・Y……現在の目標達成がGであるが、着地見込みはRである。または、現在の目標達成は未達であるが、着地見込みはGである。

・R……現在も着地見込みもRである。

　この定義に従って第1四半期の信号を設定して説明するに

第6章　改善成果を刈り取る　211

は、6月の着地見込みと四半期の着地見込みの両方を見通す必要がある。つまり、終わったことの説明ではなく、これからの見通しを示すために、管理者は自部署の取組みについてより深く理解し、なんらかの挽回策が必要であれば、その挽回策を具体的に説明できなければならない。先のことを説明するということは、そのつど、行動にコミットするということである。

「6月は大丈夫です。第1四半期の着地は頑張ってGにします」といっても、翌月になれば結果が出てくる。その時には、自身の見通しが間違っていた理由を説明しなければならない。このように信号管理（GYR）は、すんだことよりもこれからのことに焦点を当て、コミットする仕組みである。これを導入すると組織には緊張感が増し、改善・改革が加速する。

信号管理（GYR）を導入したある会社の経営者は、この仕組みは「管理せずに管理する、自己管理の仕組みである」とその真髄を述べた。また、別の会社で営業所別の業績に信号管理を適用したところ、毎月Rが目立った営業所長は、「正直、毎月の営業会議に参加するのがしんどい。しかし、営業所内に何とかしなければならないという一体感が生まれてきた」と話した。同じく毎月Gを継続している営業所長は、「いつRになるのか、それが心配で営業所内でも緊張感がみなぎっている」と話した。

この仕組みを従業員にプレッシャーをかけるための仕組みに使ってはいけないし、労働強化に使ってもいけない。あくまでも自ら考えて対策を講じる、考えて行動する組織を目指す仕組

212　第Ⅱ部　製造業の業績改善の考え方と手法

みである。経営者が財務諸表という通信簿で評価されることによって成長するように、管理者も信号管理で成長してほしい。

4 目指すもの（まとめ）

　図表6－4に、ものづくりの改善手法の全体像をまとめた。私はコンサルティングの最初に、私が実現したいことは何かを話すことにしている。それは、会社とコンサルタントが共通の認識やイメージをもつことが大事だと思っているからだ。その全体像を理解して、これからの業績改善に取り組んでいただきたい。

(1)　翌日の日別・工程別（号機別）順序計画ができている

　製造現場の能力と負荷を可視化することが、業績改善に向けた取組みのスタートとなる。これができていないと改善余地がわからず、改善の取組みを科学的に行うこともできない。能率標準を作成する過程で多くの課題が見つかり、改善が必要であることが組織全体の共通認識となる。

(2)　工程の可視化と進捗管理（PDCA）ができている

　工程の可視化は、製造現場のレイアウトを変えることによって実現する。管理システムで可視化されていても、それだけでは不十分である。可視化の目的は、作業者と監督者が工程の進

214　第Ⅱ部　製造業の業績改善の考え方と手法

図表6－4　目指すもの

```
┌─────────────────────┐
│ 1．翌日の日別・工程別  │
│　　（号機別）順序計画  │
│　　ができている        │
└─────────────────────┘
```

①負荷がわかること

指図書で品目、数量、指示日などに基づいて、
・標準作業時間（人・所要工数）
・設備負荷時間（設備・所要時間）が計算できていること

・品目／工程別に能率標準が設定されていること

・品目／工程別にコストドライバーがわかっていること

・標準作業が明示され、作業標準ができていること

・作業区がライン化され、コントロールできていること（U字ラインほか）

②能力がわかること

組立て、仕上げ、検品工程など人作業工程について、
・スキル別、作業区分別など保有時間（人数×時間）で能力が計算できていること

作業区がライン化され、コントロールできていること（U字ラインほか）

・品目別・設備工程別に＜準備＋処理＋後始末＞の標準時間が設定できていること

機械加工・熱処理・化学反応など機械作業工程について、
・機械の保有時間（台数×時間）
・工程別に設備処理能力が計算できていること

③コントロールポイント（CP）がわかること

ネック工程かつCPが設定できており、CPに指図を出す（日別順序計画）こと

・能力の低い工程
・大量処理のバッチ工程
・処理時間の長い工程
などの処理能力が明確になっていること

・工程進捗管理（みずすましなど）の仕組みと運用ができていること
・CPに対して前工程は遅れないように工程進捗を管理する

第6章　改善成果を刈り取る　215

2. 工程の可視化と進捗管理ができている			
①工程のライン化が行われていること	U字ライン、二の字ライン、フロアレイアウトなどにより稼働、不稼働が可視化できていること	・作業工程がライン化され、ラインはバランスがとれていること	
		・運用管理は日別（号機別）順序計画のもとに運営されていること	
②多能工化が進められていること	ライン化によって多能工を減らす取組みが実施されていること		
	ラインの負荷平準化のために多能工を育成し、配置すること	・育成プログラムがあり、実施されていること	
		・標準作業による人材育成が行われていること	
③「みずすまし」が機能する生産現場ができていること	みずすましの機能が発揮できていること ・工程の作業者を作業区から動かさない ・適時作業指図に基づいてワークの投入が行われている ・完成品や仕掛品の次工程への移動が適時行われていること ・現品と伝票、システムデータが一致していること	・日別順序計画ができていること	
		・各工程で日別順序計画を遵守する取組みができていること	
		・進捗が可視化されていること	

3. 製品パターンごとの
標準工程表による受
注、生産活動ができ
ている

①パターン別標準工
程表が組織間で合
意されていること

・製品パターンの整理
・工程別 LT の設定
・フローズンゾーンの設定
によりパターン別標準工程表が作成されて
いること

②標準工程表をもと
にした営業活動、
受注活動が実施さ
れていること

・標準工程表が製・
販で共有され、運
用されていること

・顧客との間で標準
工程表を基本にし
た納期を遵守して
いること

・日常的に標準 LT
を遵守する活動が
できていること

・工程別 LT 短縮活
動が推進されてい
ること

③標準 LT の短縮活
動が組織的に推進
されていること

「LT の短縮」が
・販売促進になると
いう共通認識が醸
成されていること
・生産性向上や製造
費のコストダウン
になるという共通
認識があり、継続
的改善が行われて
いること

・LT 短縮活動の範
囲を拡大する取組
みが行われている
こと
(作業区➡工程➡工
程間➡工場全体➡外
注を含む生産活動全
体へ)

第6章　改善成果を刈り取る　217

捗状況を目でみてわかるようになることにある。それによって、作業者や監督者が遅れのないように自律的に PDCA を回し、継続的改善をする仕組みができる。

(3) 製品パターンごとの標準工程表による受注、生産活動ができている

標準工程表は製造部門だけのものではない。標準工程表を製販で共有し、営業部門との共同作業でその標準工程表を守り、さらに標準リードタイムを短縮することによって納期による競争力を高める。リードタイムが短縮できるとコストが下がる。リードタイムを短縮する活動を通じて、多くの改善や改革のテーマが設定され、継続的改善を通じて、企業の競争力はさらに高まるのである。

■終わりに

アヒルの水掻き

　経営に関する書物には、経営者自身または第三者が特定の企業の成功事例を示して、どうして成功したかが書いてある。この本もそうである。しかし、成功の裏には経営者本人にしかわからない苦闘がある。カーツ社はリーマンショック以降の急激な円高のもとで急激に経営が悪化し、倒産寸前であった。銀行からの借金の担保になっている自宅、お金、名誉など積み上げてきたすべてを失うかもしれない。その時のオーナー経営者の心情を、外部の者が測り知ることはできない。

　アヒルの水掻きというのがある。水の上からはいかにも悠々と泳いでいるように見えるアヒルだが、水面下では一生懸命に水を掻いている。カーツ社も広島銀行も水面下では、外から見える行動の何倍もの水掻きをしている。決して「うまくやった」などと考えてほしくないのである。

　結果がうまくいっている会社では、経営者も社員も一生懸命にたくさん働いている。会社の歴史や過去の経営者の功績ではなくて、いまの経営者が一生懸命に働いてきたか、いまも働いているか、これからも働くか。そういうところは私の筆力ではとうていお伝えできないが、それこそが大事だと思う。

　もう一つは、いくら一生懸命でも状況が悪くなりすぎてからあがいてもだめということだ。カーツ社は普段から経営改善に取り組んでいたから、立派な管理会計の仕組みをもっていた

終わりに　219

し、能率標準を使って能力と負荷の管理をしていた。だから、崖っぷちに立つ手前で業績改善が可能になった。崖っぷちに立ってから起死回生はないと思っていただきたい。そうなる前に先手を打って、経営改善に取り組んでいただきたい。

仕事の量と質

自画自賛のようで恐縮だが、私はコンサルタントとしてはだれよりも一生懸命にたくさん働いたと思う。特に20代、30代の頃は「質よりも量」と言って、とにかく仕事を詰め込んだ。量のなかに質が宿る、そのように考えて朝から晩まで働いた。

大学を出て最初に勤めた製造業では創業者社長のもと、若くして多くの仕事をさせていただいた。次に日本のコンサルティング会社では、早く一人前になろうと電車のなかで次のクライアント先のネタを仕込むために本を斜め読みして赤鉛筆で線を引いた。

40歳を過ぎて、縁あってアンダーセン（当時はアーサー・アンダーセン）に転職した。そこでももちろん一生懸命に働いたが、その時にはそれまでに積み重ねてきた量を質に変えることができたと思う。質を量に変えることはできないが、量を質に変えることはできる。だから、とにかくたくさん働くことが大事だ。

アンダーセンを50歳で退職して2001年にアットストリームを共同創業した。創業以来、一度も赤字を出していない。経営から退いた後、後輩は私以上の業績を継続している。しかし、創業時には寝汗をかいて夜中に起き上がったことが何度もある。

コンサルティングはできても、コンサルティング・ビジネスは簡単ではない。

このように書くと仕事一辺倒のように思われるかもしれないが、そうではない。私は部下にはビジネスと家庭とコミュニティ（友人や地域）の3つの世界を大事にするように言ってきたし、私自身もそのようにしてきた。しかし、仕事を嫌だと思ったことはないから、結果としてたくさん働いてきたと思う。

転機はいつかくる

われわれの生活のなかでも今日と明日、今年と来年、小さな変化が都度起きている。しかし、小さな変化であるがゆえに、それが根本的な大きな変化だとは気づかないことがある。

私は大学生の時に3カ月間、椎間板ヘルニアで入院した。退院後も腰痛が持病になった。腰痛の都度ロキソニン（鎮痛薬）を飲んで痛みを抑えてきたが、強烈なしっぺ返しが来て、今年（2017年）の4月末に出張先のホテルでまったく動けなくなった。刺すような痛みと痺れが続いて、2週間余り自宅で寝たきりになった。ペインクリニックで痛みを抑えてもらって仕事に復帰したが、しばらくすると今度は朝の電車に乗るなり強烈な痛みで動けなくなった。結局、6月21日に腰の手術をした。全身麻酔の手術は42歳、51歳の時以来、3回目になった。

腰の手術までの50日の間に、痛みや痺れで体重が7kg減った。ついでに唇が斜めにだらしなく引き攣ってきた。それで、MRIをとったら脳下垂体腺腫が見つかった。結局、腰痛が治っ

終わりに　221

てから手術をすることになり、11月に頭の手術をした。この病気は私のように自覚症状がなく、他の病気の診断で見つかるケースが多いとのことである。腰痛のお蔭で早期に見つかったわけだから、運が良かったと言える。

　生き方とか暮らし方とか、もう若くはないのだとか、そういうことを考える時がきたと痛感した。手術前の痛みのなかで、生活習慣を変えるための決め事をつくって手帳に書き留めた。

貢献できることの喜びと支えてくれた皆様に感謝

　この本をまさに集中して書き上げないといけない時期に、腰痛とその手術で約３カ月間を手つかずで過ごしてしまった。

　立つことも座ることもできない時期には、ベッドの上で音声録音機能を使ってスマホに文章を吹き込み、机に座ることができるようになってから、その音声を聞きながら文章を書いた。座れない状態でもなんとか書き進めることができるように、苦肉の策として書斎の壁にホワイトボードを備え付けた。そのホワイトボードに向かって文章を書いた。手術後も長時間、座ることはできない。そこで、書斎の机の上に20cm程度の高さの台を置き、その上にパソコンを置いて立って文章をつくった。それが原稿のもとになっている。11月は文章を仕上げる時期で、脳下垂体腺腫の手術後の病院のリクライニングのベッドが役に立った。約束した出版の遅れを少しでも取り戻すために、普段はできない努力をした。しんどい作業ではあったが、終わってしまえば楽しい思い出である。

　ありがたいことに、クライアントは私が十分な支援をできな

かった3カ月間、私を支えてくれた。足の痺れがとれず、訪問できない時期に、私がいないからといって取組みを止めるわけにはいかない。この時ほど、クライアントを支援できない情けなさを味わったことはなかった。

その時、スカイプでTV会議をすることを思いついた。私は自宅の書斎にいて、スカイプを使ったTV会議で、プロジェクトの打合せや指導を行った。このようなやり方を快諾していただいたクライアントの厚意に対して感謝の念に堪えない。これからは体調管理をしっかりして、もう決してご迷惑をおかけしないようにしなければならないと心から思った。

謝辞

まず、私をコンサルタントとして使ってくれた多くのクライアントにお礼を申し上げる。私のコンサルティングはクライアントとの共同作業で成り立っている。私のノウハウはそうしたクライアントとの共同作業の実践から生まれ、それが成果をあげることによって、その有効性について確信を得てきたものである。

カーツ株式会社の勝矢社長は、本書の出版を強く勧めてくれた。業績改善のための「平山メソッド」を多くの企業や銀行に知らせてほしい、そうすればカーツ社のように助かる会社があるという言葉が背中を押してくれた。

次に、本書の企画を快諾してくださった広島銀行の経営者の皆様にお礼を申し上げる。製造業支援プロジェクトで最初からお付き合いしている房安副部長と実森課長には、本書のレ

終わりに　223

ビューをしていただいた。法人営業部でカーツ社担当の石岡基彦さんには、私が文章を書けない時期に、代わりに清書や関連するデータの確認をしていただいた。

　株式会社きんざい大阪支社長の立川哲哉さんは出版企画を快く引き受けてくれた。同社出版部の花岡博さんは大きく遅れた原稿に手を加え、世に出せるかたちにしてくれた。お2人がいなければ本書は世に出ていない。

　株式会社アットストリームの皆様にお礼を申し上げる。私のコンサルティングは仲間との切磋琢磨によって高められた。

　最後に3つの世界のバランスが崩れた1年を支えてくれた妻の峰子に感謝して、本書を捧げる。手術で心配をかけ、回復しても仕事や執筆でゆっくりできなかったが、仕事人間だった生き方をこれからは軌道修正する。

2018年4月

　　　　　　　　　　　　　　　　　平山　賢二

〈事項索引〉

【数字】

20：80の原則……………………122
3つの希少資源………………160
3つのものづくり……………161
4象限マトリックス…………60

【英文字】

B.O. クープマン………………17
BSC（Balanced Score Card：
　バランスト・スコアカード）
　………………………………61,130
GYR（信号管理）………………90
KPI（Key Perfomance
　Indicator：重要業績指
　標）………………………86,90
KPIの設定と運用……………129
KPIマネジメント………………90
Made in Japan………………10
PDCA……………………90,132
QCD（Quality、Cost、Delivery）
　……………………………………98
SKILLよりもWILL…………120
SO戦略（Maxi-Maxi：
　マキシ－マキシ戦略）………27
ST戦略（Maxi-Mini：
　マキシ－ミニ戦略）…………29
SWOT分析………………………27
SWOT分析による4つ
　の戦略…………………………27

U字ライン………………………181
What if（もし～ならば～
　である）………………………87
WO戦略（Mini-Maxi：
　ミニ－マキシ戦略）…………29
WT戦略（Mini-Mini：
　ミニ－ミニ戦略）……………30
YWT………………………………92

【ア行】

相反する指標のセット………130
アットストリーム………14,120
アンダーセン……………………120
いままでとこれから…………111
受け手の力量……………………138
うまくいっている、うま
　くいっていない法…………127
衛生要因…………………………101
オーナー経営……………………104
オーナー経営者…………………104

【カ行】

カーツ株式会社………………… 5
改善余地………………………33,81
開発投資…………………………54
稼働率……………………………147
刈取り……………………………96
考える組織、考える社員……115
管理会計……………115,122,123
機械がつくる……………………163

機械がつくるものづくり……163

企業実態……………………79

企業実態把握………………84

季節変動……………………197

キャッシュフロー……………53

キャッシュフロー計算書
（Ｃ／Ｆ）…………………61

キャッチボール………………140

業績改善……………………33

共通価値……………………24

共通価値創造………………25

業務機能……………………68

業務機能調査表…………68,69

業務実態把握………………79

業務プロセス改革……………74

経営改善を支援する…………58

経営計画書…………………113

経営成果……………………98

継続的改善………………79,98

月次黒字化…………………52

原価計算……………………123

工場カレンダー………198,199

効率…………………………156

コストダウン…………………95

コストダウン計画……………95

コミュニケーション・ツール
………………………………68

コミュニケーション能力……71

コンサルティングのプロ
グラム………………………118

コンサルティングのプロ
セス…………………………118

【サ行】

財務３表……………………62

財務数値シミュレーション
………………………………78

事業継続性…………………30

事業構造改革………………106

事業再編……………………106

事業性評価………………58,59

資金支援……………………36

自己チェック…………………71

実行計画書………………83,134

実態把握……………………74

地場産業の育成……………58

シミュレーション………………87

ジャストインタイム……………23

準備＋加工＋後始末………177

正味稼働率…………………84

信号管理（GYR）……………210

進捗会議……………………135

進捗管理……………………92

進捗管理表…………………90

数値計画……………………78

生産性………………………156

製造業支援プロジェクト
………………………………58,59

製造の３原則………………147

製造リードタイム……………206

製品開発……………………98

制約工程……………………189

設備投資……………………98

セミプロ市場…………………20

全部原価……………………197

専門家との協働……………83
戦略マップ……………………130
戦略よりも実行…………134
操業度……………………147
総合効率……………………148
増分コスト………………197
損益計算書（P／L）………61
損益分岐点………………208

【タ行】

貸借対照表（B／L）………61
地域ナンバーワン…………57
地域の産業育成……………57
中期経営計画……………30,89
中期経営計画策定…………65
超過稼働…………………23
超過稼働損………………23
動機づけ要因……………101
トヨタ生産方式…………117
取引先企業………………66
取引ファイル……………111

【ナ行】

二の字ライン……………181
ネック工程………………188
能率……………………147,157
能率標準…………………157

【ハ行】

ハーズバーグ……………101
バケット…………………204
走り続ける………………140
パレート（Pareto)………122

販売の平準化……………46,47
ヒアリングシート………64,65
非財務数値………………78
人がつくる………………165
人と機械の連携でつくる……167
人は評価されるように動く
………………………129
日別平準化生産…………199
日別順序計画…………115,175
標準工程表………………201
標準リードタイム………201
広島銀行…………………13,57
負荷……………………158
付加価値…………………98
不稼働……………………197
不稼働時間………………22
不稼働損…………………21,22
物流・調達リードタイム……206
不良率（ロス率、逆は良
　品率、歩留り率)………147
フローズン・ゾーン………201
平準化生産………………33
ペースメーカー工程………190
ペーパー・リードタイム……205
変革点仮説………………74,76
ホームページ……………110
保有能力…………………158
本業支援…………………106

【マ行】

マネジメントシステム………90
マン・マシン分析…………190
みずすまし………………183

227

未達を結果にしない…………209
モチベーション………………103
モニタリング……………………89
モノの流れの管理点…………186

【ヤ行】

良い品を、安く、早く
　………………………130,147

【ラ行】

ランチェスターの法則………17

リーダーシップ………………42
リードタイム…………………205
リードタイムの短縮…………205
利益貢献………………………96
リストラ…………………………41
累計コストダウン……………48

【ワ行】

ワークサンプリング（WS）
　………………………………84

■著者略歴■

平山　賢二（Kenji Hirayama）

大阪府立大学工学部航空工学科卒業。株式会社ティエルヴィにて原子力機器等の品質管理、製造、生産管理などの管理職を歴任の後、住友ビジネスコンサルティング株式会社（現：日本総合研究所）を経てアーサー・アンダーセンに入社。アジアパシフィックの製造業担当パートナー、朝日アーサー・アンダーセン株式会社代表取締役。2001年アットストリームコンサルティング株式会社（現：株式会社アットストリーム）を共同設立し、代表取締役社長、会長を経て2015年7月顧問。合同会社ジンバル代表。経営学博士（2015年、甲南大学）。主要著書『ミッションマネジメント～価値創造企業への変革～』（共著、生産性出版）、『ABCマネジメント理論と導入法』（共著、ダイヤモンド社）、『e生産革命』（共著、東洋経済新報社）、『儲けるものづくり』（工業調査会）、『勝つ現場力』（JIPMソリューション）、『勝つ改善力』（JIPMソリューション）、『業務プロセス改革』（中央経済社）。

KINZAIバリュー叢書

共通価値創造への挑戦
──勝ち残る地銀、生き返る製造業

2018年5月16日　第1刷発行
2018年6月20日　第2刷発行

著　者　平　山　賢　二
発行者　小　田　　徹
印刷所　奥村印刷株式会社

〒160-8520　東京都新宿区南元町19
発　行　所　一般社団法人 金融財政事情研究会
企画・制作・販売　株式会社きんざい
出　版　部　TEL 03(3355)2251　FAX 03(3357)7416
販売受付　TEL 03(3358)2891　FAX 03(3358)0037
URL http://www.kinzai.jp/

・本書の内容の一部あるいは全部を無断で複写・複製・転訳載すること、および磁気または光記録媒体、コンピュータネットワーク上等へ入力することは、法律で認められた場合を除き、著作者および出版社の権利の侵害となります。
・落丁・乱丁本はお取替えいたします。定価はカバーに表示してあります。

ISBN978-4-322-13256-4